企业区位调整带动产业转型升级研究

——以中国长三角地区为例

陈菁菁 著

ZHEJIANG UNIVERSITY PRESS
浙江大学出版社

图书在版编目(CIP)数据

企业区位调整带动产业转型升级研究:以中国长三
角地区为例/陈菁菁著.—杭州:浙江大学出版社,2017.4
ISBN 978-7-308-16421-4

Ⅰ.①企… Ⅱ.①陈… Ⅲ.①长江三角洲—产业结构
升级—研究 Ⅳ.①F127.5

中国版本图书馆 CIP 数据核字(2016)第 280025 号

企业区位调整带动产业转型升级研究
—— 以中国长三角地区为例

陈菁菁 著

责任编辑	杨利军
文字编辑	沈巧华
责任校对	丁沛岚
封面设计	杭州林智广告有限公司
出版发行	浙江大学出版社
	(杭州市天目山路 148 号 邮政编码 310007)
	(网址:http://www.zjupress.com)
排 版	浙江时代出版服务有限公司
印 刷	浙江良渚印刷厂
开 本	710mm×1000mm 1/16
印 张	9.75
字 数	170 千
版 印 次	2017 年 4 月第 1 版 2017 年 4 月第 1 次印刷
书 号	ISBN 978-7-308-16421-4
定 价	28.50 元

前　言

　　20 世纪中叶以来,服务业在各国经济发展中的地位不断上升,集中体现在作为现代服务业重要组成部分的生产性服务业的作用逐渐凸显,以及服务业增加值和服务业就业人数的不断增加。而制造业虽然在发展初期可以通过加大投入实现产能扩张和增量放大,但当发展遭遇资源等要素的瓶颈时,就需要通过生产性服务业的渗透作用,来实现制造业的产业结构升级。因此,在以新经济地理学、产业集群理论、社会网络理论、城市经济学为基础的集聚经济研究方兴未艾的背景下,生产性服务业与制造业的协调发展成为研究的新热点。就研究现状而言,目前还存在以下三个主要问题:①从内在机制上来说,生产性服务业与制造业协调发展的途径可以概括为生产性服务外部化、制造业服务化和空间协调发展(协同定位)三种。相对于对生产性服务外部化这一路径的研究,对制造业服务化和协同定位两条路径的研究相对薄弱。特别是空间视角的生产性服务业与制造业协调发展,尽管有许多文献探究了生产性服务业的区位选择问题,也得出其与制造业的区位选择有较大的差异的结论,但是很少有学者将这两种区位选择结合起来考虑。②从绩效评价上来说,现有研究采用的基于投入—产出表计算两者关联度的评价方法只考虑了产业层面的协调,忽视了其空间因素。另外,国内的投入—产出表仅细化到省级层面,因此产业层面协调效果的评价也仅仅停留在省级层面,但生产性服务业都存在服务半径的限制,与制造业的协调或者说互动是在城市之间进行的,因此这种评价也就缺乏了实际意义。③从研究方法上来说,生产性服务业与制造业存在上下游的关系,它们之间无论是产业上的联系,还是空间上的联系,都是同时的、相互的,因此采用单方程的回归模型来解释这种关系有待商榷。

　　本书在统一市场和地区发展水平接近的前提下,提出了生产性服务业与制造业的空间协调这一研究主题,通过描述具有垂直关联的两个产业区位互动的内在机制,明确了交易成本对形成生产性服务业与制造业空间协调的作用。同时,通过对长三角地区的生产性服务业和制造业区位状况及演化的描

— 1 —

述,确定了城市规模对两者空间协调的影响,并用两方程联立模型确定了都市圈范围内的协同定位效应及交易成本和城市规模对两者的影响。在此基础上,本书又在单个都市的背景下,以杭州市生产性服务业企业和制造业企业的微观数据为样本,检验了企业规模对都市内部两者区位关系的影响。并应用 Moran's I 指数和 M 函数,评价了都市圈及都市两个空间维度下生产性服务业与制造业的空间协调性。

囿于作者本身的学术水平,本研究仍然存在诸多不足之处。对此,本书最后部分提出了本研究的局限性以及在未来还需要深入研究的若干问题。

作者

2017 年 3 月

C ONTENTS
目 录

第1章 绪 论

1.1 研究背景

1.1.1 现实背景

目前,中国正面临这样的困境:一方面,受资源和环境的制约,我们已经不能再延续过去以 GDP 为中心的增长模式;另一方面,由于 2008 年下半年美国次贷危机引发全球性金融危机和经济萧条产生了"倒逼"机制,迫使中国不得不重新审视目前的产业结构,特别是在危机面前所暴露出的产业结构升级问题。

对于如何应对当前中国经济发展中出现的问题,经济学家似乎已经有了共识,就是加速发展方式转型和产业结构优化升级。但问题是,如何进行转型和优化升级? 怎样构建发展方式转型和产业结构优化升级的动力机制? 能否制定出转型和优化升级的线路图? 对于这个问题,传统的解决思路有两种:一种是依靠政府推动,上下统一认识、宣传造势,由政府出台相应的产业政策,包括制定产业升级名录和其他配套政策进行引导;另一种是依靠市场机制的作用,依靠企业自身的努力。依靠政府推动,是人们熟悉的方法,改革开放以来,各级政府部门一直都在这么做,但在微观经济决策已经高度分散化的现在,这种方法的效果并不明显。而依靠市场机制的作用和依靠企业的微观决策去推动经济发展方式的转型,效果也不尽如人意。近年来,遇到生存危机的企业,恰好都分布在国内民营企业最发达的地区,同时也是市场机制功能相对比较完善的地区,如珠三角地区,长三角地区的浙江温州、台州和义乌等,而恰恰是在这些地区,出现了产业结构升级和发展方式转型的危机。由此可以证明,至少在现阶段,依靠机能不全的市场机制,或者说不完全竞争的市场,推进发展方式的转型和产业结构升级的任务推向企业的自主判断和努力,是不现实的。

— 1 —

我们需要一种能充分动员政府和社会资源、为市场主体建构平台,推动经济发展方式转型和产业结构优化升级的新思路。

仔细观察,近年来中国沿海地区中遇到产业结构转型困难的地区都有一个共同点:基本上都分布于农业工业化地区,或距离大城市、中心城市较远,或缺乏大城市的支持。如浙江的温州、福建的晋江、广东的东莞等,这些地区在改革开放的初期,或者依靠当地民营企业的快速崛起,或者依托境外劳动密集型产业的转移,在有利于集聚外来劳动力的制度安排下,发展起以劳动密集型产业为主的、产业结构相对单一的集聚经济。但是,一旦到了仅仅依靠劳动力的数量集聚不再能够支撑经济持续发展时,这些地区的发展就遇到了自身难以解决的困难。于是可以推测:产业结构优化升级必须和空间结构调整紧密联系起来考虑才有意义。

由此可见,要加快推进产业结构的优化升级,需要同时进行空间结构调整,加快发展,包括加快都市圈和都市带在内的新型都市化步伐,为产业结构优化升级和企业扩张提供空间载体。而20世纪中叶以来,全球范围内出现的经济服务化现象为我们提供了一个很好的切入点。特别是我国的产业集聚区往往在不同程度上存在产业同质化倾向,容易产生资源浪费和恶性竞争的负面效应,并且在其专业化达到一定程度后,如果不对其进行升级和优化,则衰退不可避免。因此对原有资源进行整合,形成大都市圈范围内的生产性服务业集聚与制造业集聚分工,就成为特定产业集聚地区获取和保持竞争优势的重要条件。同时,全球化和本土化两种浪潮的冲击,也使得这一选择具有可行性:其一,刚性的垂直一体化生产方式逐渐被柔性的垂直解体替代,企业越来越多地在广域空间上组织生产,推动了外包生产、迂回生产和中间产品市场的出现;其二,广义运输成本的大幅度下降使得制造业企业与生产性服务业企业能够实现跨区域互动发展,生产性服务业的协作性和重要性在逐渐增强。

如东京大田区的产业聚集,通过促进本地区企业、产业之间横向和纵向联系,并利用本地发达的交通条件实现异地研发和销售,从地理和产业上对制造业和生产性服务业进行整合,孕育了全新的大田区产业聚集,持续地支撑了东京大都市圈和日本经济的发展。而在中国,这种生产性服务业集聚与制造业集聚间的联系也在蓬勃发展,尤其是在产业发展水平较高、交通相对便利、产业集聚已经发展成形的长三角地区。一方面,作为长三角地区龙头城市的上海已步入了重化工业后期的发展阶段,正与长三角地区周边城市一起打造世界级制造基地;另一方面,上海正在逐步退出低端制造业,着力打造大虹桥(西郊)生产性服务业集聚区、张江研发区、漕河泾技术服务区、浦东业务流程外包区以及外高桥和临港新城物流服务区五大生产性服务业集聚区。

因此,在这一阶段,工业或者制造业自身的转型和发展将始终是经济高速增长的主要动力。关键在于如何来推进制造业自身的转型升级,制造业企业又应采取何种策略来提升其在价值链中的位置。而生产性服务业与制造业协同定位这种新型的产业间集聚形态的兴起,对于促进产业转型升级,提升产业集聚地区的竞争力都具有切实的指导意义。本书以此为切入点,以新空间经济学理论、现代产业链升级理论、产业集群网络理论为基础,从大量企业在集聚外部性和产业重分布政策双重力量的影响下发生的区位调整推动空间结构调整,以及生产性服务业企业和制造业企业在空间行为上的异质性这两个事实出发,试图探求以推动制造业与生产性服务业的协同定位和产业集群间分工的形成来带动区域产业升级的机制和路径。这对厘清区域产业结构转型的路径机理,制定富有实际指导意义的区域产业升级战略和规划具有重要的理论和实践价值。

1.1.2 理论背景

空间层面生产性服务业与制造业的协调发展是一个实际问题,因而以往的研究中较少有学者对其理论基础给予关注。但是其本质是两个产业区位的协调,或者说是产业集聚间关系(黄洁,2009)的具化,因而其背后的理论支撑是产业集聚理论。而产业集聚理论并不是一个独立的经济学或管理学分支,其在现实经济活动中的重要性使其成了不同研究领域中不可回避的研究对象,因此对产业集聚的研究并没有一个具有严密逻辑的系统性理论框架。各个经济学分支(如新经济地理学、区域经济学、产业经济学)的经济学家在产业集聚理论上见仁见智,使产业集聚理论天然地融合了百家之长,因而具有通常理论所不具备的多维视角。

概括来说,经济学对产业集聚的研究主要从产业集聚的经济性质及其内生机制以及产业集聚的地理性质两个角度展开。近年来,新经济地理学试图在一个一般均衡框架下把两种思路统一起来,将规模经济和运输成本同时作为内生变量来考察,即一个地区是否能形成产业集聚,关键在于两个内生变量的博弈:如果运输成本大于规模经济效应,则产业的分布趋向于分散;反之则会趋向于集中(藤田昌久等,2005)。这些研究的共同点是,都以单个产业集聚为研究对象,缺乏对两个产业集聚间关系的探讨。直到 Venables(1996)率先将制造业拆分为上游产业(生产中间投入品)和下游产业(生产最终品),产业间的区位关系研究才开始被学者关注,但是仍局限在制造业内部。对于生产性服务业与制造业的联系,无论是从空间视角(比如,广义运输成本的降低导致生产性服务业与制造业地理集中的可能性加大)还是经济属性的视角(比如,产业的纵向、横向关系)看,新经济地理学都存在着许多理论空白,主要表现在:尽管产业集聚是产业在空间上的"扎堆"现象,但对其进行精确的定义却绝非易事,因而对产业集聚的定义在众多文献中都表现得抽象且模糊。虽然目前并不缺乏描述和测算产业地理集中度的指数(Ellison et al.,1997,1999,2001),但这些指数只是在地理上显示了产业集中程度,并不能完全反映出新经济地理上的产业集聚程度,更无法反映生产性服务业集聚和制造业集聚之间的相互关系。

综上所述,在生产的网络化和价值链的扩张趋势日益明显、垂直解体普遍发生、广义运输成本越来越低的大背景下,组织生产的主体已经跳出了单个企业或产业集聚内一类企业的范畴,产业集聚甚至单个区域都可以成为生产分工中的一环。这种通过分工实现的对资源的解构和重构足以推动一个地区核心竞争力的升级。因此,对生产性服务业与制造业的空间协调发展进行研究,具有经济学的理论意味和现实考量。

1.2 研究目的与内容

1.2.1 研究目的

通过对生产性服务业与制造业协调发展在空间层面的表现的描述,对城市化①过程、区域一体化过程对生产性服务业与制造业协调发展的作用和反作用进行研究,探索生产性服务业与制造业协调发展导致的都市及都市圈范围的空间结构调整,以及由空间结构调整带动的产业结构升级和优化的新路径,进而达到以下目的:在微观层面上,为企业发展从产业链角度和空间布局角度提供新的战略视角;在宏观层面上,为加快产业转型升级和区域协调发展提供新的思路。

1.2.2 研究内容

本研究以全球经济危机和中国经济转型为宏观背景,以长三角地区的生产性服务业与制造业企业为主要研究对象,通过对新经济地理学的拓展深化和网络化城市理论的实证运用,以及对集聚理论的综合梳理,构建一个理论支

---

① 广义的城市化过程,其高级阶段包括城市群(圈)的形成。

撑,进而构筑"协同定位—空间结构调整—生产性服务业与制造业协调发展—产业转型升级"的研究框架,并从都市圈和都市两个维度对城市化形成的空间结构调整所带动的生产性服务业与制造业协调发展进行理论分析和实证研究,探索城市化带来的区域间要素流动、产业转移和城市结构的调整优化,以及由此形成的生产性服务业与制造业协调发展是如何通过空间分布上的互动实现的,进而为规避传统制造业的"锁定"和"衰退"风险,推进产业转型升级,加快新型城市化步伐,促进区域经济协调发展等探求新的思路,并提出相应的对策建议。

本书拟解决如下三大问题。

问题1:空间层面上生产性服务业与制造业协调发展的内在机制和影响因素是什么?

对产业层面的生产性服务业与制造业协调发展机制的研究已经较为成熟,分工理论、交易成本理论、产业集群理论以及社会网络理论等都为其提供了解释。但是,具体到一个特定的城市或区域,生产性服务业的发展会如何影响制造业的空间布局状况,引领制造业的空间集聚指向,或者说制造业的发展又将如何带动服务业的集聚,仍有待探讨。特别是近年来,生产性服务业与制造业的空间协调已经成为区域和城市发展的重要课题。中心城市的主城区因大力发展现代服务业而提出的"退二进三"政策几乎成了城市发展的普遍诉求。同时,建立各类制造业集聚区也是区域和城市经济发展主管部门的兴趣所在。因此,在制定城市和地区的产业发展规划时,如下问题就凸显出来:如何构建合理的产业发展顺序?是优先发展生产性服务业,还是优先促进制造业的集群?如何在一个有限的空间中实现生产性服务业与制造业的协调发展?要解决这些问题,厘清空间视角下的生产性服务业与制造业协调发展机制及其影响因素是关键所在。

问题2:如何评价生产性服务业与制造业的空间协调程度?

生产性服务业与制造业的空间协调程度评价实际上是对生产性服务业集聚与制造业集聚的空间关系进行判断。一方面,能够描述和测算产业地理集中度的指数不在少数,但这些指数只是在地理上显示了产业集中程度,并不能完全反映新经济地理上的产业集聚程度,更无法反映生产性服务业集聚和制造业集聚之间的相互关系;另一方面,能够评价生产性服务业与制造业协调程度的指标大多是从产业层面展开的,其建立依据为它们之间的投入产出关系,但是这些指标无法反映产业的地理特性。因此,只有将产业的经济属性和地理属性结合在一起,才能够评价生产性服务业与制造业的空间协调程度。本书对此展开了讨论。

问题3:如何通过微观企业的空间结构调整推动地区产业转型升级?

理论界对于产业转型升级的实现机制的研究还不足,且存在宏观与微观分离的问题。一部分学者仅从产业层面开展研究,主要研究产业应当如何做,往往难以落实到实践中,因为产业升级的实践主体是企业,而非抽象的"产业",更不是政府、行业协会等监管和协调部门;另一部分学者则仅从企业层面开展研究,往往"见树不见林",个别企业产品、流程、功能升级的案例不足以代表产业。因此,有必要将区域产业升级与企业转型升级结合起来考虑。

1.3　概念界定

由于本书的理论来自多个研究领域,在理论的驾驭上存在较大困难。不同流派对本书所涉及的诸多概念有不同理解,为免混淆,将主要概念做如下界定。在本书接下来的几章中,将反复提及这些概念,并做进一步的详细说明。

(1)产业集聚:不同企业在地理上的集中现象和过程。这些企业间可能有产业关联,也可能没有直接产业关联。

(2)生产性服务业:为保持制造业生产过程的连续性,促进制造业技术进步、产业升级和提高生产效率提供保障服务的服务行业。它是从制造业内部生产服务部门中独立发展起来的新兴产业,其本身并不向消费者提供直接的、独立的服务效用。

(3)协调发展:本书所说的协调发展是空间层面的,可以理解为协同定位,即生产性服务业与制造业在空间上的区位协调问题。作者认为两者的区位关系能够促进产业发展即协调,这就意味着互补性互动和挤出性互动都是协调发展的方式。

(4)空间相关性:空间相关性研究是地理学和区域科学研究的核心,随着信息技术的发展,经济活动空间相关性的统计分析逐步受到应有的关注。本书所说的空间相关性是指目标区域在经济属性值相似的同时,也存在着相近的空间区位。

(5)运输成本:将最终产品或中间产品从一地运往另一地的运输费用。在本书中成本是广义的,即它既包括在运输过程中发生的费用,也包括信息交换等方面的费用(Tabuchi,1998)。

1.4 本书的基本框架和章节安排

1.4.1 本书的基本框架

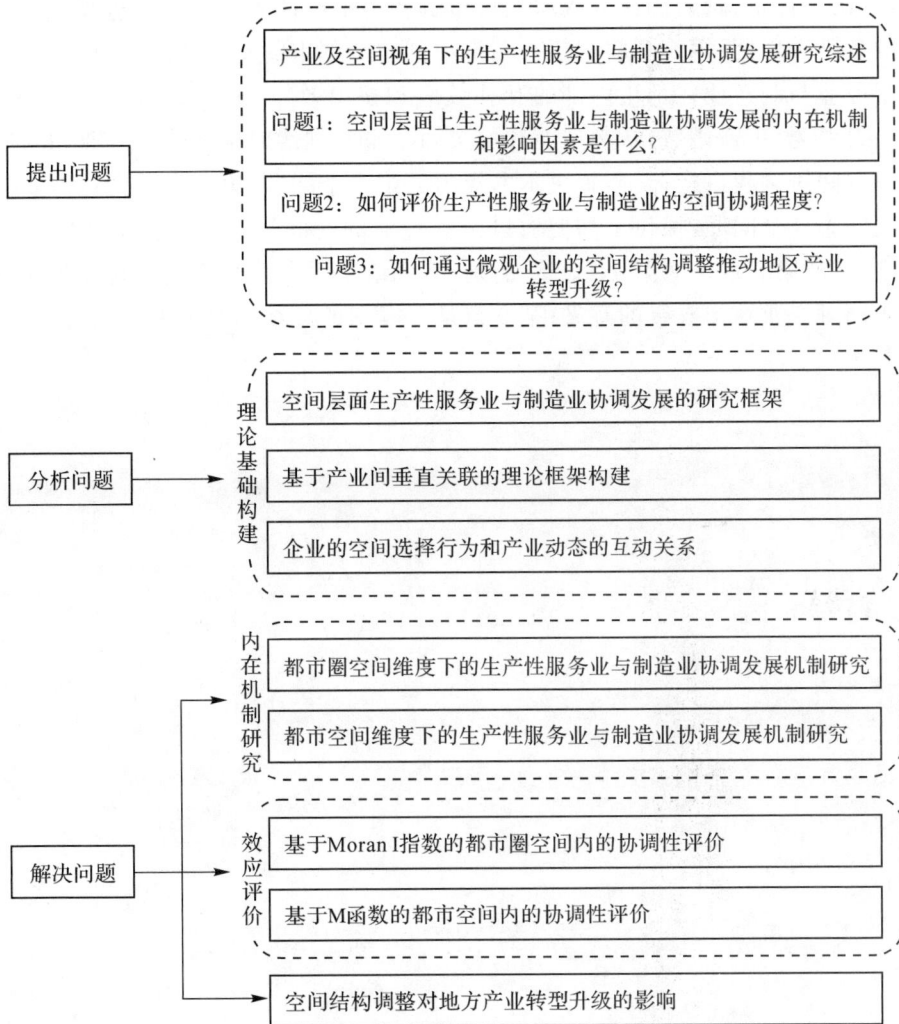

提出问题 →

产业及空间视角下的生产性服务业与制造业协调发展研究综述

问题1：空间层面上生产性服务业与制造业协调发展的内在机制和影响因素是什么？

问题2：如何评价生产性服务业与制造业的空间协调程度？

问题3：如何通过微观企业的空间结构调整推动地区产业转型升级？

分析问题 →

理论基础构建

空间层面生产性服务业与制造业协调发展的研究框架

基于产业间垂直关联的理论框架构建

企业的空间选择行为和产业动态的互动关系

解决问题 →

内在机制研究

都市圈空间维度下的生产性服务业与制造业协调发展机制研究

都市空间维度下的生产性服务业与制造业协调发展机制研究

效应评价

基于Moran I指数的都市圈空间内的协调性评价

基于M函数的都市空间内的协调性评价

空间结构调整对地方产业转型升级的影响

1.4.2　本书的章节安排

本书第 2 章阐述了生产性服务业与制造业协调发展的相关文献;第 3 章针对本书拟解决的第 1 个问题,建立了空间层面上生产性服务业与制造业协调发展的理论框架;第 4 章是本书的实证部分,首先是对统计事实进行描述,用特征性事实阐述了长三角地区生产性服务业与制造业的空间分布现状及演化,其次是计量检验,用两方程联立模型解释了生产性服务业与制造业协同定位的条件和原因;第 5 章将分析视角缩小到单个都市的空间范围,来检验生产性服务业与制造业在都市内部的互补效应和挤出效应;第 6 章用改进的 Moran's I 指数和 M 函数,从都市圈和都市两个空间维度对生产性服务业和制造业的空间协调程进行评价,解决本书提出的第 2 个问题;第 7 章是针对本文拟解决的第 3 个问题,探讨了如何通过微观企业的空间结构调整推动地区产业转型升级;第 8 章是对第 4、5、6 章的延伸,总结了生产性服务业与制造业的空间协调对产业结构升级的意义;第 9 章是对本书的总结和对未来研究的展望。

第 2 章 生产性服务业与制造业 协调发展研究综述

近年来,大城市中心地区的服务业集聚成为城市发展的重要现象,越来越多的地区提出了"退二进三"的发展策略。很多学者对其进行了研究,顾乃华等(2006)已对其进行了较为全面的综述,认为生产性服务业与制造业是互动发展的。但是如何互动才能实现利益最大化呢? 从国际、国内发展的一般规律来看,三次产业结构的演变,在工业化的初、中、后期分别表现为"一二三"(或"三一二")、"二三一"、"三二一"结构。但如果对本地区经济发展的阶段性以及区位条件和资源结构状况没有一个明确的认识,没有对制造业和服务业之间的关系有一个准确的把握,一味追求"退二进三"跳跃式向工业化后期的产业结构转变,对于生产性服务业和制造业的发展都将是不利的。不少文献都提到了"协调发展"或"协同发展"概念①,但对于"协调发展"的度量却并无全面、统一的标准,各类文献的观点也存在诸多分歧。基于新经济地理学、产业集群理论、城市经济学等学科的最新研究成果,本章从集聚经济研究的视角出发,从产业层面和空间层面对生产性服务业与制造业协调发展的相关文献进行综述。

2.1 生产性服务业与制造业协调发展
——生产性服务外部化

生产性服务业的发展存在着一个规律性趋势,即由"内部化"向"外部化"演进。在经济发展水平与市场化程度较低、市场交易成本较高时,生产性服务

---

① "协调发展"和"协同发展"这两个概念,在诸多研究中均有提及,实际上两者的含义在政策层面并无很大差异,本书使用"协调发展"。

通常由企业自身来提供,此时的生产性服务业反映了企业内部的专业化分工及内部资源配置效率和产业链状况。随着经济的发展、市场化程度的提升以及市场交易成本的降低,经济系统中涌现出专门提供诸如财会、营销、咨询、物流等服务的独立市场主体,服务需求者可以通过市场来购买所需的各类服务,而无须进行自我服务,这时的生产性服务业则反映了企业与企业之间的专业化分工以及以市场竞争为基础的资源配置效率和产业分工体系。许多学者都看到了这一趋势并尝试对其进行解释,这些研究主要集中在分工理论、交易成本理论和产业集群理论三个方面。

2.1.1　基于古典经济学分工理论的解释

古典经济学的论述以分工为基础,亚当·斯密用绝对优势解释了专业分工,认为它是一国国民财富增长的源泉。他还认为,劳动分工可以分成两类,一类是企业分工,另一类是社会分工。他借用缝衣针的生产过程阐述了企业内的劳动分工如何提高劳动生产率,以创造出更多的财富。在这里,生产性服务活动外部化的本质是生产性服务业与制造业的社会分工,那么生产性服务活动的外部化就会提高两个产业的生产率,这也是以往学者研究两者相互关系时最常见的思路。

生产性服务的发展不仅集中反映了其自身专业化分工的广度(服务门类或种类)与深度(服务的质量与效率),而且反映了其与其他产业之间的分工水平。格鲁伯等(1993)最早用奥地利学派的生产迂回学说①阐述了生产性服务业和制造业之间的关系,他们认为生产性服务业起了传送器的作用,将人力和知识这两种能大大提高最终产出增加值的资本,导入了生产过程中。薛立敏(1993)进一步深化了这种观点,提出生产性服务业的提供者是一个专家集合体,通过提供知识和技术来增加生产的迂回程度,从而使生产更加专业化、资本更加深化,并提高劳动和其他生产要素的生产力。可见,随着分工与专业化逐渐深化,经济效率将越来越取决于不同生产活动之间的联系属性,而不是生产活动本身的生产率状况(顾乃华等,2006)。

---

① 奥地利学派认为,除了资本密集度可以提高生产力外,生产过程的重组和迂回也是提高生产力的重要因素,因为更加迂回的生产过程不仅需要使用更专业的劳动力与更多的资本,而且生产步骤的增加也增加了中间投入的数目。

Ethier(2005)利用 D-S 效用函数①建立了相应的生产函数。研究表明,新产品的引进能够提高厂商的生产率;因而通过增加中间投入品的种类,可以使那些既没有技术比较优势也没有资源禀赋优势的国家或地区,内生出一种新的比较优势,从而改变其在分工中的地位,促进制造业发展和经济增长。但他没有明确中间产品是实物产品还是无形服务。因此,Markusen(1989)在其基础上,将生产性服务业作为中间产品引入模型,他认为这些服务具有知识密集的特性,获得这些知识需要较高的初始投资成本,但边际成本是递减的,而分工可以扩大生产性服务业的市场范围,促进服务差异化,推动其内部专业化或内部集聚效应。

实证方面,顾乃华等(2006)和江静等(2007)分别用省际面板数据和城市面板数据验证了"生产性服务外部化这一生产性服务业与制造业的分工行为会提高生产率"这一命题。

2.1.2　基于新制度经济学交易成本理论的解释

生产性服务活动外部化的另一种解释是基于 Williamson 的交易成本理论。Daniels(2002)、Bhagwati(1984)、Goe(1990)、刘志彪(2006)的研究得出了类似的结论,即原单位选择生产性服务外包是出于成本、效率的考虑:独立和专业化经营生产性服务,可以大大提高服务能力利用率,在规模效应的作用下,外部交易成本低于内部组织成本。当然,这不是绝对的,我们仍会发现许多企业将一些生产性服务保留在内部,这是因为生产性服务是内部化还是外部化,关键看其对市场资源分配和协调活动及其内部组织活动产生的成本。只有当内部的边际组织成本超过了外部的边际交易成本时,生产性服务活动才会寻求外部化(吕拉昌等,2006),即理论上最后一个外包出去的投入环节应使得组织成本和交易成本在边际上相等(卢锋,2007)。企业将生产性服务活动外部化所节约的组织成本就是该行为的收益。陈宪等(2004)指出,虽然生产性服务外部化是社会分工深化的结果,但分工产生的收益(节约的生产成本)大于分工产生的成本才是这一过程能够进行的前提。

更进一步地,服务业本身的特点——资产专有化程度不断下降以及标准化程度的加深——使得服务外部化的成本也在下降,已经内部化的生产服

---

①　Dixit 和 Stiglitz(1977)建立了一种独特的效用函数(现称为 D-S 效用函数),使对分工功能的分析得以借助数理模型。

务也存在外部化的倾向(郑吉昌等,2005)。但是,冯泰文(2009)通过中介变量模型的实证表明,虽然交易成本是生产性服务业与制造业效率关系的中介变量,但其中介效应的影响作用较小,也就是说,中国制造业效率的提升并不是主要通过降低交易成本实现的,说明了生产性服务外部化并不明显。考虑到国内的现实状况,这也是可以解释的:由于生产性服务业尚处于发展初期,未形成规模经济,分工的收益可能并未大于分工产生的成本。

2.1.3 基于产业集群理论的解释

对于产业集群的最早研究,是经济学家马歇尔从新古典经济学的角度对工业组织的研究。在研究过程中,他发现企业为追求外部规模经济[①]而集聚。产业集群内的企业由于地理上的接近性和产业的相关性,其间的人际联系不仅加强了企业之间在技术创新、信息、管理、资金等方面的交流与合作,还降低了合作企业间的信息不对称程度,从而降低了企业间的交易成本(冯宝轩,2008)。这就为企业从外部购买生产性服务奠定了基础,也就推动了生产性服务外部化的进程。另外,外部化的生产性服务企业可以在集群内与其他主体建立频繁交互的强联系,使得面对面的紧密交流或者"干中学"得以实现。这也部分解释了为何独立出来的生产性服务企业不会远离制造业企业集群分布。

产业集群强调的是外部规模经济,Hansen(1990)和 Coffey 等(1991)在其研究中也强调了这一因素在生产性服务外部化过程中的作用。除此之外,有学者用内部规模经济来解释生产性服务外部化的现象。生产性服务业的知识密集的特性使其市场结构趋向于垄断竞争(Markusen,1989),在某些经济领域只有大规模运作的服务提供商,才可能在一国甚至全球范围内提供标准性能和质量稳定的服务。Beyers(2003)的调研结果进一步支持了该观点:企业选择生产性服务外部化的众多原因中,最重要的两个是缺乏技术专家和规模太小。

[①] 马歇尔将规模经济分为内部规模经济和外部规模经济。前者是指企业自身扩大规模,减少企业成本所带来的效率提高;后者又分两种情况:地方化经济和城市化经济。但事实上,在现代经济学中,外部规模经济已经被外部性所替代,而内部规模经济才是所谓的规模经济(黄洁,2009)。

2.1.4　小结

用分工理论来解释生产性服务活动外部化会涉及运输成本,早期的研究由于服务的运输成本难以衡量而停留在定性分析的阶段。但是,陈建军等(2009),认为大部分的生产性服务业无形产品在空间上的交易更多的是通过无形的网络进行的,信息传输成本已经取代制造业中的运输成本而成为影响生产性服务业集聚的空间因素。借鉴这一结论,分工理论对于生产性服务活动外部化的解释就可以得到进一步的证实。

而对交易成本的解释,实际上是在分工理论基础上的深化,因为从交易成本的内涵可以看出它是包含运输成本的。因此,总结起来,分工理论和交易成本解释的关键在于比较内部生产成本和外部购买费用的大小,只是两者在外部费用涵盖的范围上有差异①。

产业集群理论所强调的外部规模经济决定的不是生产性服务活动是否从制造业内部外包出来,而是各个已经存在的生产性服务企业是否会集聚在一个地区。而内部规模经济的解释,强调的是外部化后各个企业可以达到的最佳生产量,从而实现最小成本,实际上也是在比较内部生产和外部购买的成本差异。

2.2　生产性服务业与制造业协调发展
——制造业服务化

由于信息技术及互联网的发展,电信、广播电视和出版等部门在数字融合的基础上率先实现了产业融合,形成了一种新型的产业形态。生产性服务业与制造业之间的边界越来越模糊,两者出现了一定程度的融合(周振华,2003)。关于这种新型的产业形态,在 20 世纪 90 年代末,国外学者的研究中就出现了新制造业、基于服务的制造、服务增强型制造等一系列类似的概念。国内的学者,如崔岩等(2007)、夏杰长等(2007)、刘继国等(2007)也都有所研究。这些研究普遍认为,生产性服务能够促进制造业的增长,制造和服务的融合是产业发展的新趋势,但不同学者关注的侧重点并不一致。

---

①　分工理论的解释中还包含专业化生产和规模经济的影响。

2.2.1 制造业服务化的定义和阶段

可以说,制造业服务化与服务型制造业是一个事物的两个方面,前者强调过程,后者强调结果。大多学者都从生产商供给内容的角度对制造业服务化过程进行定义和阶段划分。Kotler(1984)将产品演进划分为四个阶段(见图2-1)。

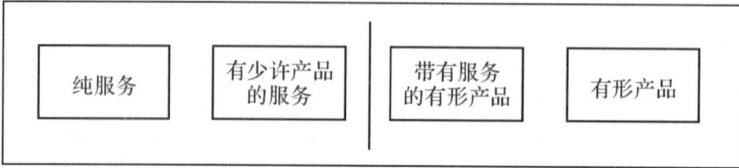

图 2-1　Kotler 的产品演进划分

他认为,未来的制造业将越来越趋向于提供带有较少产品的服务。但是这种分法存在一个问题,仅仅提供纯服务的企业已经不能属于制造业了,后继的研究者对其进行了调整。

服务化的概念首先是由 Vandermerwe 等(1988)提出的,他们认为服务化就是制造业企业由仅仅提供产品或附加服务的产品向产品—服务包(product-service package)的转变,并将制造业的服务化过程分为以下三个阶段:仅提供产品,提供附加服务的产品,提供产品—服务包(product-service package)。White 等(1999)提出制造业服务化是制造业企业的角色由产品提供者向服务提供者转变,强调其动态的变化过程。他们还在 Vandermerwe 等(1988)的基础上加入了"基于产品的服务"(product-based services),延伸了服务化的演变历程,认为制造业企业向顾客提供服务契约才是服务化演进的最终阶段。

Toffel(2002)则认为,服务化是一种与传统销售模式相对应的业务模式。在该模式下,企业出售的是物品功能,而不仅仅是物品本身,并且保留它所生产物品的所有权,顾客则根据物品的使用情况向制造商付费,同时企业负有免费维修物品的义务。Fishbein 等(2000)提出了物品—服务连续区的概念,它是指处于"直接卖产品"和"提供服务"之间的那些交易模式①,体现了制造业企业由单纯出售产品向主要提供功能或服务转变的过程中所经历的阶段。

Davies(2003)对于企业的描述表明,生产商供给内容的演变遵循"从生产到综合体,再到运作服务和中间服务"这样的路径。而 Oliva 等(2003)又将这样的演进过程改进成一个闭合集,两端分别是物质产品和服务,为我们理解从纯生产到服务的演变过程提供了清晰的模型。

2.2.2 制造业服务化的基础——社会网络

20 世纪 90 年代以来,产品的生命周期越来越短,技术开发的难度不断增加,资金投入的规模不断扩大,对企业、对市场及时反应的要求也越来越高,由此加剧的竞争导致了企业希望通过转型来加强自身的竞争实力。在生产性服务外部化的同时,还出现了另一个普遍现象:制造业企业将服务纳入产品当中,开始提供服务化产品。而只有当制造业企业和服务业企业在空间上集中和融合,且融合的收益大于融合的成本时,制造业服务化才有可能实现,这就需要以社会网络②作为基础。

任何经济组织或个人都是镶嵌或悬浮于一个由多种关系联结交织成的多重、复杂、交叉重叠的社会网络之中的(孙军锋等,2006)。就制造业企业来说,上游原材料供应商、服务提供商以及科研机构、下游经销商、相关政府部门都是与之关联的生产链、供应链上的节点,而这些节点企业和机构也有自己的生产链和供应链以及相关联的其他节点企业等,由此交织成一张网络。虽然每个企业所处的子网络可能各不相同,但是这些子网络都通过一些节点相互连接进而构成整个社会网络。企业就可以通过社会网络中的强关系获取有价值的资源,通过弱关系获取新鲜或异质性的信息和知识,进而实现企业的战略目标。在这里,制造业企业与生产性服务业企业之间既存在强关系,也存在弱关

---

① 具体来说,物品—服务连续区中的交易模式包括卖物品、卖物品及附加服务、资本性租赁(租赁期满承租人获得设备的所有权)、维护性租赁(租赁期满出租人仍然拥有设备的所有权)、租赁及附加服务(租赁期间出租人承担物品维修的责任)、卖功能(买方使用设备、维修物品、培训人员时需向卖方付费)、卖服务(买方仅为卖方提供的服务付费)。

② 社会网络的研究始于英国人类学,英国的结构功能主义以网络描述社会结构,此后,关于社会网络的研究就呈现了百花齐放的态势。目前的研究成果主要有强关系优势理论(Granovetter,1973)、弱关系的力量理论(Granovetter,1985)、社会资本理论(Bourdieu,1985;Coleman,1988)和结构洞理论(Burt,2009)。

系,因而能够通过社会网络获取其实现服务化目标所需要的各种资源。

2.2.3 制造业服务化的动力

1.提高企业竞争力

从价值链角度来看,产品的价值链长度是决定其市场竞争力的重要因素,但与企业市场竞争力关系更为密切和直接的因素则是该企业在价值链中的位置。企业价值链之间的差异奠定了产品差异化的基础,也是企业竞争优势的关键来源。通过增加产品中的服务含量,生产商就可以进入邻近的价值链,即通过空间的扩张和重构找到新的商业机会。因此,生产性服务实际上是产品价值的重要组成部分和产品差异化的主要来源。

而上面所说的决定企业竞争力的关键,即企业在价值链中的位置,可以将其理解为其在社会网络中的位置。也就是说,制造业服务化会改变其在社会网络中的位置,使其能够构建企业与企业间,企业与各种科研院校、各种服务机构、行业协会和中介机构间的(横向)以及产业链上下游的供应商和客商及用户之间的(纵向)特定"网络关系",这种特定关联不仅提高了企业的竞争力,并且通过社会网络结构的变更改善了集群整体的竞争力。

2.增加经济收益

制造业企业把服务整合到其核心产品中当然有其经济上的原因(Oliva et al.,2003),企业相当多的收益来自产品整个生命周期的顾客群,因而具有较长生命周期的产品,在其产品生命周期内由服务需求(如维修、维护、安装及过程支持等)产生的收益要远高于产品本身的营业收益(Wise et al.,1999)。由于服务的附加值较高,其通常比产品有更高的利润率(Anderson et al.,1979;路红艳,2009)。并且服务不受推动投资和设备采购的经济周期影响,因而可以提供更为稳定的收益来源,降低了现金流的脆弱性和易变性(Quinn,1992;Mathieu,2001)。

与收益相对的,把制造业企业带入新的竞争领域——服务领域的同时会产生新的竞争成本,这在一定程度上阻碍了企业采取服务化战略(Mathieu,2001)。

3.满足顾客需求

在日益激烈的竞争中,企业要增强竞争力,就必须寻求新的竞争优势来源,因而需要在了解顾客(包括最终消费者、中间产品需求方、供应商和分销商)价值的内生过程的基础上,向他们提供能够满足其价值生成过程所需的一整套产品,无形的服务将逐渐取代有形产品,成为在顾客关系管理中唯一能够为顾客创造价值的要素(Gronroos,1998)。其他学者,如 Looy 等(2003)、Oliva 等(2003)也持相同的观点,认为制造业企业提供产品—服务包,将着眼点更多地放在建立和维持与顾客的关系上,有助于满足顾客的需求。

然而,在更好地满足顾客需求的同时,也产生了新的问题:产品服务化意味着顾客在服务消费过程中担任消费者和协助生产者的双重角色,顾客作为协助生产者的基本生产力阻碍了企业更好地满足客户需求(Martin et al.,1992)。

2.2.4　小结

分析企业从本地网络获取资源的原理是理解制造业企业服务化结构升级的关键,网络理论为我们提供了丰富而有力的理论支持和解释。笔者认为,结构洞理论可以更清晰地阐述制造业服务化的动力。冯宝轩(2008)提出,结构空洞的位置为企业带来了转型所追求的竞争优势,而且不单单是资源优势,更重要的是位置优势,主要体现在信息优势和控制优势两个方面。在信息优势来源方面,占据结构空洞的企业能获取来自多方面的非重复性信息,并成为信息的集散中心;在控制优势来源方面,将原来没有联系的双方联结在一起的企业,在网络中占据了关键路径,可以决定各种资源的流动方向,从而形成对资源的配置与收益权。因此,企业成长的资源获取是与企业所处的网络位置相关联的,而服务化这一过程既依赖于社会网络所带来的资源,又推动企业占据有利的结构空洞位置以进一步获取重要资源。但是尚未有研究关注制造业企业服务化前后其网络位置的变化,也就是说,服务化过程是否推动企业占据结构空洞位置仍有待证实。

2.3　空间层面上生产性服务业与制造业协调发展
——基于集聚经济的解释

随着运输成本的显著下降和柔性生产方式的普及,"新工业空间"(Noyelle et al.,1985)出现在大城市郊区或小城市地区,而生产性服务业没有跟随制造业搬迁到"新工业空间"去,而仍然集聚在传统工业心脏地带的大都市地区。显然,生产性服务业的区位选择与制造业有着紧密的关系,但又不完全依赖之。回顾以往的文献,可以发现,以解释工业企业集聚为目的建立起来的产业集聚理论,不论是外生性产业集聚理论,还是内生性产业集聚理论[①],在解释服务业(生产性服务业)时有其适用性,但也存在一些不足。促进产业集聚的因素,如外部性和运输成本,在生产性服务业集聚和制造业集聚时表现并不一致。笔者认为,正是这些差异化的表现促进了生产性服务业与制造业在空间范围的协调,下面就据此进行阐述。

2.3.1 生产性服务业的区位选择动因

1.规模经济

Holmes 等(2002,2004)、Lafourcade 等(2007)发现制造业和服务业的集聚程度与企业规模强烈正相关,然而不同于大规模制造业企业搬迁到低工资的小城市和农村地区,为了避免迁移人力的高额成本进而获得规模经济,服务业企业仍然集聚在大城市地区。比如在审计行业中,较高的固定成本,如计算机信息系统和员工培训,驱动企业通过融合和兼并来达到规模经济。经营范围的扩大使得企业拥有多样化的客户,由此产生的多样化需求会加强企业内部团队的专业技能。同样的情况也存在于金融业和法律服务业中。Clark 等(1997)认为大规模金融服务企业在中心的集聚,通过最小化分散在各地的劳动力的通勤成本,实现了规模经济。Warf(2001)就发现,不断增长的国际贸易、跨国投资及资本市场的融合推动了拥有多国专业和资质的大规模法律企业的发展,并且跨行业的专家使得大规模法律企业能够扩大经营范围。

Robert(2001)在研究城市均衡土地价格和外部性之间的关系时,提出外部性是促进企业集聚在中心地区的向心力,而土地价格是离心力。也就是说,企业的区位选择实际是向心力[②]和离心力之间的权衡过程,笔者认为制造业和生产性服务业在规模经济上的差异影响了土地价格这一离心力的大小:生产性服务业有着较小的有效规模,也就是说,其地均产出高于制造业,因而要素成本的上升,在这里就是土地价格的上升,生产性服务业有着相对较强的承

---

① 外生性产业集聚理论,其核心概念为匀质空间和运输成本,把外生的区位条件作为产业集聚产生的唯一源泉;内生性产业集聚理论,其核心概念为外部性和规模经济,认为产业集聚是货币外部性和技术外部性共同作用的结果(黄洁,2008)。

② 生产性服务业的向心力包括外部性和信息传输成本。

受力;制造业企业为了维持规模经济或者说现有的有效规模,将会转移到土地价格较低的外围地区,而生产性服务业则仍能够集聚在中心地区。可以说,两者在规模经济上的差异决定了它们在一个城市内部区位选择上的互补效应,并且这种互补选择过程是同时自发进行的,不存在制造业先让位或者说生产性服务业将制造业挤出这种现象。

2. 外部性

自从马歇尔提出外部规模经济是企业集聚的主要动因之后,知识外溢、劳动力池、中间产品共享这三种正外部性①成了研究产业区位选择的焦点。

在大城市连绵带,CBD(Central Business District,中央商务区)是最具可达性的地区,能吸引各个方向具有互补技能的劳动力,并具有覆盖整个城市市场的最优区位(Mills et al. ,1997)。因此它一直是那些控制多个分散生产机构的企业总部的首选区位(ÓhUallacháin et al. ,2005)。而生产性服务业企业的可达性进一步提高了 CBD 对总部及管理机构的吸引力,因为它们能进一步提高企业的生产率(顾乃华等,2005,2010;江静等,2007)。这种生产率的提高是由于生产性服务业企业的集中分布增强了作为投入的生产性服务的数量、种类及品质(程大中,2008)。Shearmur 等(2002)对巴黎生产性服务业企业区位的研究发现,是市场需求决定了企业分布,如金融、法律企业集中在市中心是为了靠近同样位于市中心的企业总部,而服务对象既有企业也有个人消费者的行业(如保险、房地产及审计)则较少集中在市中心。特别地,那些提供技术服务的行业,包括计算机服务、科学研究实验室、工程咨询等,反而会集中在城市郊区的高技术区域。另外,企业生产率的提高应该归功于市中心较高的就业密度所带来的企业管理者和技术人员之间有计划的或随机的面对面接触(Lucas et al. ,2002)。其一,面对面的接触减少了对中间服务投入、市场机会、产品和过程创新及技术人员的搜寻成本。其二,它使那些专业技术人员有更多的机会将其单一的知识背景变得多元化,进而能够促使创新思想灵活地在正式和非正式的人际网络中传递。因为一个企业无法将与生产相关的信息交换过程完全内部化,而一个拥有高密度技术人员的地区,其企业员工之间有用的信息交流会增多(Lucas,2001)。那些从面对面信息交换中获益较多的企业就愿意支付较高的土地成本以获得可达性较好的区位(Mills et al. ,1997)。

_____

① 克鲁格曼在《地理和贸易》中将马歇尔提出的外部规模经济为集聚企业带来的好处概括为三种正外部性:知识外溢、劳动力池、中间产品共享。

大量的金融、保险及房地产就业人员集中在 CBD，就说明了这些企业相当依赖"隐性知识"的面对面交流（Ohuallacháin et al.，2005）。相对地，那些对外部性需求不大的行业则分散在城郊地区，以获得当地廉价劳动力并避免城市中心的高租金和拥挤成本。Gong 等（2002）的研究就表明亚特兰大的 CBD 集中了大量依赖面对面交流的会计、审计行业的就业人员，而那些使用电子通信的企业，如信用报告、计算机和数据处理，则分布在周边城郊地区。

3. 劳动力分化

由于服务业比制造业更具劳动力密集特性（Noyelle et al.，1984），并且生产性服务业需要在地理上接近知识、信息、技术的创造者，而人作为知识、信息、技术的载体，也就对生产性服务业有了更重要的影响。在制造业中，企业集聚在一个地区能够获得充足的劳动力，这种正外部性能够发挥作用是因为制造业企业需要的大量劳动力是低技能的，存在替代性。但是，在生产性服务业中，这一状况就改变了，因为它不仅是劳动力密集型的产业，而且是知识密集型的产业，需要不可替代的高技能的劳动力，这类劳动力具有部门间非流动性以及地区间自由流动这样的特性①。Noyelle 等（1985）就明确地提出生产性服务业的质量取决于投入的人力和人与人之间关系的发展。生产性服务业需要以高等教育为标志的高质量劳动力，而这类专业技术人才受高质量文化氛围和公共服务的吸引，常常在大都市地区形成集聚。正是这种劳动力需求上的差异，加上劳动力本身的特征，决定了劳动力池这一正外部性对两种产业的不同作用。

大都市的劳动力市场有着极度分化的特征：高技能昂贵的劳动力和低技能相对廉价的劳动力并存。前者对于位于 CBD 的"前台"职能是必需的，而日常的和标准化的"后台"职能则需要后者来承担。这在一定程度上解释了近来出现的生产性服务业的扩散现象②。Coffey 等（1991）提出大都市的郊区开始在服务业中扮演"新工业空间"的角色，即服务业开始向大都市的郊区扩散，因为郊区可以保证大量柔性劳动力的供给以满足生产性服务业的"后台"职能的

---

① Forslid 等（2003）研究可解的中心—外围模型时，提出了两种类型的劳动力在空间流动性上存在差异的假设：低技能劳动力在部门间自由流动，地区间不流动；高技能劳动力则相反，在地区间自由流动。这也是符合现实情况的。具体的论述见该文。

② 在"离工业化"的国家，特别是一些大都市中心商务区，高度集中的服务公司在本国或者国外制造业密集地区开设分支机构，由此出现了生产性服务业的扩散现象。

需要。Illeris(1996)也指出了劳动力因素对生产性服务业区位的作用是非单调的,他认为较为复杂的生产性服务业集中分布于大城市地区以取得地理优势,关键是其较高的生活质量以及受其吸引而来的合格的人力资源,而并非减少运输成本或接近信息源。对于不太复杂的生产性服务活动,低工资、廉价的劳动力成为其区位选择的关键因素,因而趋于在城市郊区或边缘地区分布。

4.信息传输成本——生产性服务业的运输成本

运输成本在解释产业集聚中一直发挥着重要作用。在区域经济理论中,冯·杜能就首先提出了运输成本问题,他把运输成本假设为匀质空间中区位选择的唯一因素。新经济地理学派也对运输成本有所论述:当区域之间的运输成本的节约足以弥补区域之间的交易费用时,产业在某一区域发生突发性聚集,并在累积循环因果关系的作用下,向某一区域集聚。但是这些解释都是建立在对制造业的分析之上的,制造业生产和消费在时空上的可分离性使运输成本得以产生效应——促使其在原有优势区域集聚——但是对于基本无形的生产性服务业产品而言,运输成本就难以解释了。陈建军等(2009)提出用信息传输成本取代制造业中的运输成本而作为影响生产性服务业集聚的空间因素。对于标准化的服务产品,其生产和消费可以分离,那么就如同运输成本之于制造业,信息传输成本的降低会促进生产性服务业的集聚(Coffey,1992;Goe,1990)。值得一提的是,对于非标准化的生产性服务,其生产和消费是无法分离的,这中间不存在一个明显的传输过程,那么信息传输成本是否就无法产生作用了呢?答案是否定的。众多文献对于面对面接触的研究(Harrington et al.,1997;Noyelle et al.,1985;Daniels,2002)解答了这一问题,非标准化的生产性服务业依赖面对面接触来完成生产和消费的过程,而在这个过程中服务产品的传输过程是零成本的,正是这种零成本的信息传输方式将生产性服务业企业集聚在城市中心地区,因为与生产性服务业企业存在前向关联的其他服务企业以及制造业总部机构都集中在城市中心地区①。这也就表明了,低的信息传输成本(为零)促进了非标准化生产性服务业的集聚。

2.3.2　生产性服务业与制造业的区位关系研究

综上所述,不论是制造业的服务化,还是生产性服务活动的外部化,都表

---

① 　企业总部的空间分布模式对生产性服务业区位有显著集中影响,两者之间的关系越来越强烈,且存在自我强化过程(马歇尔,2014)。

明生产性服务业和制造业在产业层面存在着协调发展。并且对生产性服务业集聚研究日渐深入,因此从空间布局视角探究两者的相互关系成为最近研究的焦点,但是目前仍然较为薄弱。Raff 等(2001)基于外商直接投资(Foreign Direct Investment, FDI)对制造业和生产性服务业的空间分布做了研究,他们认为生产性服务的多样性降低了东道国制造业成本,使当地的投资环境变得更有吸引力,从而使制造业的 FDI 也相应增加。他们通过建模并运用美国 1976—1995 年在 25 个东道国投资的面板数据,证实了生产性服务的 FDI 通常都追随制造业的 FDI。江静等(2009)从商务成本的角度分析了生产性服务业和制造业的协同定位效应,他们将商务成本分为交易成本和要素成本两类,认为生产性服务业和制造业分布在一个城市不同地区是由于它们对两类商务成本的敏感程度不一样。随着经济的发展,城市中心地区的要素成本不断提高引起对要素成本相对敏感的制造业逐步外移,促进了生产性服务业在中心地区的集聚和发展,这使得中心地区的交易成本降低,反过来强化了生产性服务业的区位。

2.3.3　小结

实际上,江静等(2009)的结论在 Venables(1996)的垂直关联模型中早就有所体现。在他的模型中,上下游关系的产业区位不仅相互影响,而且还受生产成本、市场规模和交易成本的影响。同时,以往对影响产业区位选择的因素的研究从另一个视角论证了生产性服务业与制造业的协同定位关系,归纳而言主要有规模经济、劳动力以及交易成本(运输成本/信息传输成本)这三个因素,这些因素适用于任何一个产业,但是在作用路径上有所不同。可以说,正是这种相同的影响因素、不同的作用路径决定了生产性服务业与制造业在一个城市区域,或者说都市圈中,进行区位选择时不会相互冲突,即存在着协同定位的可能。

2.4　生产性服务业与制造业协调发展的评价方法

2.4.1　基于投入—产出表的相关指标

对于生产性服务业与制造业的协调度研究,目前主要集中在投入—产出表上,因为它可以克服由服务部门人为划分导致的片面性。如 Khayum (1995)运用该方法评价了美国服务业增长的产业关联效应;Antonelli(1998) 以意大利、法国、英国和德国 19 世纪 80 年代后半期的投入—产出数据为样本,分析了信息和通信技术与知识密集型商务服务业之间的"协同演进"关系以及它们的产出弹性。国内的学者,如程大中(2008)采用 2000 年的投入—产出表,比较分析了中国和 13 个经济合作与发展组织经济体的生产性服务业发展水平、部门结构及影响;胡晓鹏等(2009)提出的评价生产性服务业与制造业共生关系的三类指标——融合性、互动性和协调性,实质上也是基于投入—出产表的。笔者将这些指标归类,并做如下介绍:

1. 中间投入率和中间需求率

投入率是中间投入占总投入的比重,需求率是进入再次生产的产出占总产出的比重。在生产性服务业与制造业的关系中,具体有四个指标:

①制造业投入率,反映生产性服务业的总投入中究竟有多少来自制造业的产出;

②制造业需求率,表示制造业总产出有多少是被生产性服务业消耗的;

③生产性服务业投入率,反映制造业的总投入中究竟有多少来自生产性服务业的产出,它往往被用来衡量生产性服务业对制造业的影响程度,反映了国民经济服务化程度;

④生产性服务业需求率,表示生产性服务业总产出有多少是被制造业消耗的,多被用来衡量制造业对生产性服务业的影响程度。

中间投入率(①和③)的具体计算公式如下:

$$h_i = \sum_{j=1}^{n} x_{ij} / \left(\sum_{j=1}^{n} x_{ij} + Y_i \right)$$

其中:$\sum_{j=1}^{n} x_{ij}$ 表示国民经济各行业对 i 产业的中间需求;Y_i 表示 i 产业的最终需求。

中间需求率(② 和 ④)的具体计算公式如下:

$$f_j = \sum_{i=1}^{n} x_{ij} / \left(\sum_{i=1}^{n} x_{ij} + N_j \right)$$

其中:$\sum_{i=1}^{n} x_{ij}$ 表示国民经济中 j 产业的中间投入;N_j 表示 j 产业的增加值。

2. 产业关联系数

产业关联系数包括影响力系数 F_j 与感应力系数 E_i。前者反映某部门增加一单位最终使用时,对国民经济剩余部门所产生的生产需求的波及程度;后者反映当国民经济各部门增加一单位最终使用时,某部门由此受到的需求感应程度,即需要该部门为其他各部门生产而提供的产出量。计算公式如下:

$$F_j = \sum_{i=1}^{n} b_{ij} \Big/ \Big[\frac{1}{n} \sum_{i=1}^{n} \sum_{j=1}^{n} b_{ij} \Big]$$

$$E_i = \sum_{j=1}^{n} b_{ij} \Big/ \Big[\frac{1}{n} \sum_{i=1}^{n} \sum_{j=1}^{n} b_{ij} \Big]$$

运用该组指标,可以分析生产性服务业及细分行业对整个国民经济的影响,也可以通过将产业划分为制造业、生产性服务业和其他产业三个组成部分来分析生产性服务业和制造业之间的影响和感应程度(胡晓鹏等,2009)。

2.4.2　共生度

如前所述,投入—产出表实质上反映了"供给—需求"双向连接的数量协调关系。而胡晓鹏等(2009)提出围绕均衡展开的协调性应该具有数量协调和质量协调两个基本层次。与数量协调不同,质量协调更加强调协调的效率,因此他们提出以全要素生产率作为质参量的共生度指标:

$$\delta_{ij} = \frac{\dfrac{\mathrm{d}Z_i}{Z_i}}{\dfrac{\mathrm{d}Z_j}{Z_j}}$$

其中: $\delta_{ij}(\delta_{ji})$ 显示生产性服务业(制造业)对制造业(生产性服务业)的共生依存程度; $Z_i(Z_j)$ 表示 $i(j)$ 行业的全要素生产率。 $\delta_{ij} = \delta_{ji} > 0$,表示两类产业处于正向对称共生状态; $\delta_{ij} \neq \delta_{ji} > 0$,表示两类产业处于正向非对称共生状态; $\delta_{ij} = \delta_{ji} = 0$,表示相互没有影响,处于不相干状态; δ_{ij}、δ_{ji} 有一个为零,表示有一方受到对方的影响,而另一方不受对方影响。

2.4.3　小结

对生产性服务业与制造业协调程度的衡量都是基于产业层面的,若要全面评价两者的协调程度,则需要找到评价它们在空间层面协调程度的方法。从经济学视角出发,对产业空间分布的评价主要是对其地理集中度的计算,传统的地理集中度计算指标都无法衡量两个产业的空间分布关系,直到 Marcon 等(2003)提出了

M 函数。从地理学和区域科学的视角出发,空间研究是其核心,因而应具有分析空间单元相互关系的工具,但是空间单元的经济属性往往被忽视。因此在评价生产性服务业与制造业空间协调程度时,需要将两者结合起来考虑。

2.5　评　述

生产性服务业与制造业协调发展的途径可以概括为三类:生产性服务外部化、制造业服务化①、空间协同定位。根据视角的不同,又可分为基于产业层面和基于空间层面的研究,研究内容包括理论基础、发生机制以及协调效果三个方面(见图 2-2)。

对于产业层面的生产性服务业与制造业协调发展,沿着生产性服务外部化这一路径的研究相对比较充分,这在很大程度上是因为获得了较多的理论和数据的支撑,分工理论、交易成本理论以及产业集群理论等都为其提供了解释。就研究内容而言,目前对生产性服务外部化的研究主要集中在生产性服务业的本质探讨以及外部化的发生机制方面。如认识到生产性服务外部化的本质是社会分工的深化,其发生机制与交易成本有关,对内部生产成本和外部购买成本(交易成本)的比较是企业是否选择外部化的判断依据,以信息传输成本替代运输成本为量化生产性服务的交易成本奠定了基础。而集聚经济研究的兴起,使得外部规模经济和内部规模经济对于交易成本的降低作用被更多地关注。对于协调效果的评价,现有的研究采用的基于投入—产出表计算两者关联度的评价方式存在着不足。笔者认为,在评价生产性服务业与制造业协调发展的效果时,不能局限在某一路径的分析框架内,需要将三条路径结合起来考虑,才能全面地评价协调效果。

---

①　协调或协同不仅表示相互促进而发展,而且意味着两者在发展的过程中缺一不可。生产性服务外部化这一路径能够促进生产性服务业和制造业协调发展,但这并不是协调发展的唯一路径。笔者认为,曾被广泛关注的制造业企业服务化这一现象同样体现了协调发展的概念。

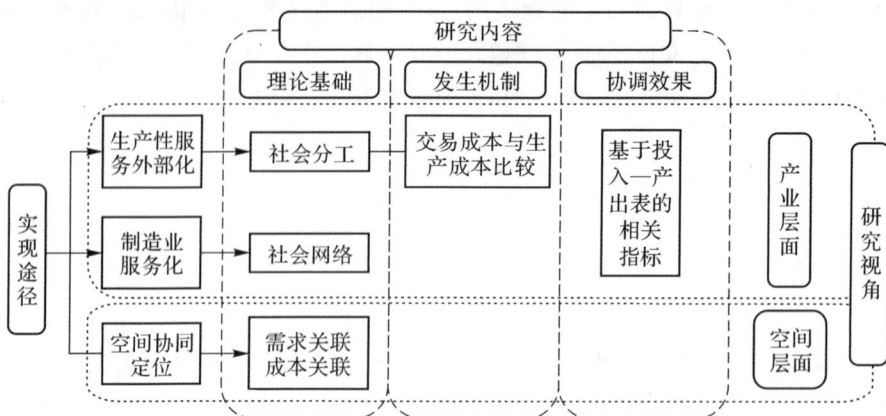

图 2-2　生产性服务业与制造业协调发展的实现途径、研究视角以及研究内容

　　在产业层面的研究上，与对生产性服务外部化的研究相比，对制造业服务化的研究似乎相对薄弱。不同于生产性服务外部化更多地来自宏观层面的解释，制造业服务化为我们理解生产性服务业与制造业协调发展提供了一个微观视角。为此，笔者认为在今后的研究中，需要加强对制造业服务化这一领域的研究。在这方面，以往关于制造业服务化的文献已经为我们提供了理论基础。归纳而言，理解制造业服务化的关键是分析企业从本地网络获取资源的原理：制造业企业在直接与各种跨组织、跨行业和跨地域的外部对象建立关系时，面临着很大的不确定性，需要付出很大的成本，社会网络的存在，使得企业能够通过其中的强关系获取有价值的资源[1]，通过弱关系获取新鲜或异质性的信息和知识[2]，克服自身知识和能力的局限，进而实现服务化（服务创新）这一战略；进一步地，只有制造业企业和生产性服务业企业在空间上集中时，企业才能够在更大范围的社会网络（包括制造业和生产性服务业两种企业的网络）中获取新的知识，制造业服务化才有可能实现。由此可见，社会网络理论在很大程度上为我们把握制造业服务化的发生机制提供了理论支持。在这一

---

　　[1]　冯宝轩(2008)指出，由强关系获取的资源是很有价值的，因为隐含经验类知识的转移一般只发生在高度信任的企业之间，弱关系无法深谙这些知识的实质性内容。

　　[2]　Granovetter(1973)提出了有名的"弱关系的力量"假说，认为在传递资源过程中弱关系更具力量。因为强关系的主体之间彼此很了解，知识结构、经验、背景等相似，无法带来新的资源与信息，频繁互动所增加的资源与信息大部分是冗余的，而弱关系的主体之间存在着较大差异，可以相互传递增加新价值的资源。

框架下,制造业服务化这一过程主要表现为依赖于社会网络所带来的资源,推动企业占据有利的结构空洞位置以进一步获取重要资源。这样,对制造业企业服务化前后企业网络位置的变化的研究为我们研究制造业服务化这一路径的协调效果提供了新的方向。

对于空间层面的生产性服务业与制造业协调发展,从上述论述中可以看出,目前的研究仍然是比较薄弱的。虽然有许多文献探究了生产性服务业的区位选择问题,也得出了与制造业的区位选择有较大的差异的结论,但是很少有学者将两者联合起来考虑。如前所述,两者在产业层面存在着协调发展的关系,这就意味着它们的区位选择不是一个独立的过程,也存在一种协调的关系。但是,生产性服务业与制造业在空间层面的关系并不像它们的产业联系一样清晰明了,而是遵从经济发展阶段的变化而变化的(顾乃华,2010)。Venables(1996)的垂直关联模型就证明了存在上下游关系的企业的区位选择是同时相互影响的,而生产性服务业与制造业之间正是跨行业的上下游关系。并且从上述对于生产性服务业与制造业区位选择的影响因素的比较可以看出,规模经济、劳动力以及运输成本(信息传输成本)这些因素都是影响两个产业区位选择的重要因素,但是它们的作用路径却不一致,因此可以说这种相同的影响因素、不同的作用路径决定了生产性服务业与制造业在一个城市内部进行区位选择时才可能协调,不会相互冲突。这样,传统的单方程的回归模型就难以解释这种关系了,而联立方程的回归模型会更合适。在这方面,只有少数学者如 Andersson(2004)以就业密度进行了联立方程的检验,得出了初步的结论。但是以就业密度来表示产业的空间分布是不够严谨的,虽然诸如基尼系数、H 指数、EG 指数等都可以表示产业的空间分布,但笔者认为服务业都存在着服务半径问题,不同类型的服务业其半径大小也不一样,因此对于服务业空间分布的计算可以采用基于距离的集聚指标。虽然生产性服务业企业的微观数据比制造业企业更难获取,但是随着国内生产性服务业迅速发展,其数据采集体系将逐渐完善。通过与地理信息系统(Geographic Information System,GIS)结合将 M 函数应用于生产性服务业以及生产性服务业与制造业的空间区位关系研究,更准确地探究出生产性服务业与制造业的协同定位过程及协调效果。

第3章 生产性服务业与制造业的 协同定位与垂直关联

3.1 引 言

Venables (1996)的垂直关联模型为我们建立生产性服务业与制造业协同定位的分析框架提供了有益的借鉴:产业间的垂直关联表明单个产业的区位选择是不独立的。笔者研究认为,生产性服务业与制造业之间存在两种关联:制造业产业为生产性服务业产业创造了一个市场,因而生产性服务业企业会被吸引到制造业企业相对较多的地区(即需求关联)。与此同时,如果制造业企业布局于生产性服务业企业相对较多的地区,则其成本会降低(即成本关联)。例如,在实践中,诸如设计、技术改进、广告等生产性服务均是产品价值来源的重要组成部分,制造业企业不可避免地依赖于多样的生产性服务来维持它们的市场份额和竞争力。本模型假设存在两个地区、三个产业(一个完全竞争产业),其产品作为计价标准;存在上下游关系的另两个产业均是垄断竞争产业,采用 Dixit 和 Stiglitz 建立的垄断竞争模型来描述它们的特征。我们将通过生产性服务业与制造业的关联模型推导,来明确如何以及为何,生产性服务业与制造业是协同定位的。

3.2 单个产业的模型

我们首先讨论单个产业的模型,假设每个产业包含的企业分布在两个地区,并且每个企业的产品都供给两个地区。地区用下标来区别,产业用上标来区别,比如产业 k 在 $i(i=1, 2)$ 地区的产出用 e_i^k 表示。假设产业具有不变的

替代弹性,因此可以将产业 k 看作各种产品的组合,这样产业 k 的需求就可以表示为

$$x_{ii}^k = e_i^k (p_i^k)^{-\sigma^k} (P_i^k)^{\sigma^k-1}, \quad x_{ij}^k = e_i^k (p_i^k t^k)^{-\sigma^k} (P_i^k)^{\sigma^k-1}, \quad i \neq j \tag{3-1}$$

x_{ij}^k 是 i 地区的产业 k 的产品销售到 j 地区的数量,p_i^k 是 i 地区的产业 k 的产品价格。σ^k 是产业 k 的需求弹性($\frac{\partial \ln x^k}{\partial \ln p^k} = \sigma^k > 1$)。对于运输到另一个地区的产品,我们假设消费价格是其在本地的价格乘上一个从价计算的运输成本 $t^k(t^k > 1)$,所以 $p_i^k t^k$ 是销售到 i 地区的产品的消费者价格。P_1^k 和 P_2^k 是两个地区产业 k 的产品价格指数,定义为

$$(P_1^k)^{\sigma^k-1} = \frac{(p_1^k)^{\sigma^k-1}}{n_1^k} + \frac{(p_2^k t^k)^{\sigma^k-1}}{n_2^k}$$

$$(P_2^k)^{\sigma^k-1} = \frac{(p_1^k t^k)^{\sigma^k-1}}{n_1^k} + \frac{(p_2^k)^{\sigma^k-1}}{n_2^k} \tag{3-2}$$

其中,n_i^k 是 i 地区生产的产业 k 产品的企业数量。假设两个地区的消费者都有同样的偏好,那就可以把一个地区看作一个有代表性的消费者,其效用最大化问题用如下公式表示:

$$\max_{\{x_{ii}^k, x_{ji}^k \geq 0\}} U_i^k = \left(\sum_{k=1}^{n_1} (x_{ii}^k)^{\frac{\sigma-1}{\sigma}} + \sum_{k=1}^{n_2} (x_{ji}^k)^{\frac{\sigma-1}{\sigma}} \right)^{\frac{\sigma}{\sigma-1}} \quad \text{s. t.} \quad e_i^k = \sum_{k=1}^{n_i} p_i^k x_{ii}^k + \sum_{k=1}^{n_i} p_j^k x_{ji}^k \tag{3-3}$$

再来看供给方,i 地区单个企业的利润,用 π_i^k 表示:

$$\pi_i^k = (p_i^k - c_i^k)(x_{ii}^k + x_{ij}^k) - c_i^k f^k \tag{3-4}$$

其中,c_i^k 是边际成本,$c_i^k f^k$ 是固定成本。利润最大化的一阶条件是

$$p_i^k (1 - 1/\sigma^k) = c_i^k \tag{3-5}$$

零利润的条件使得企业规模的大小不由成本决定,这意味着:

$$x_{ii}^k + x_{ij}^k = f^k (\sigma^k - 1) \tag{3-6}$$

在完整的模型中,支出水平 e_i^k 和成本 c_i^k 将是内生的。但是就局部均衡来说,若给定外生的支出和成本水平,通过公式(3-1)和(3-6)就可以得出价格、数量、价格指数和企业数量。

更进一步地,我们需要知道单个产品的产出在两个地区之间如何分配。因此需要对产出、成本及支出的相对值 ν^k, ρ^k, η^k 进行定义:

$$\nu^k \equiv \frac{n_2^k p_2^k (x_{22}^k + x_{21}^k)}{n_1^k p_1^k (x_{11}^k + x_{12}^k)}, \quad \rho^k \equiv \frac{c_2^k}{c_1^k} = \frac{p_2^k}{p_1^k}, \quad \eta^k \equiv \frac{e_2^k}{e_1^k} \tag{3-7}$$

ν^k 是产业 k 在地区 2 的相对产出(相对于地区 1),ρ^k 是两个地区的相对成本(也是相对价格),η^k 是产业 k 的产出在两个地区的相对支出。将这组相

对值代入价格指数的公式中,就能得到相对价格指数的表达式:

$$\left(\frac{P_2^k}{P_1^k}\right)^{\sigma^*-1} = \frac{1+(t^k)^{1-\sigma^*}(\rho^k)^{-\sigma^*}v^k}{(t^k)^{1-\sigma^*}+(\rho^k)^{-\sigma^*}v^k} \tag{3-8}$$

由公式(3-6)可以得到$(x_{22}^k+x_{21}^k)/(x_{11}^k+x_{12}^k)=1$。依次代入公式(3-2)以及公式(3-7)中,得到:

$$1=\frac{x_{22}^k+x_{21}^k}{x_{11}^k+x_{12}^k}=\left(\frac{p_2^k}{p_1^k}\right)^{-\sigma^*}\frac{\left[(P_2^k)^{\sigma^*-1}e_2^k+(t^k)^{-\sigma^*}(P_1^k)^{\sigma^*-1}e_1^k\right]}{\left[(P_1^k)^{\sigma^*-1}e_1^k+(t^k)^{-\sigma^*}(P_2^k)^{\sigma^*-1}e_2^k\right]}$$

$$=(\rho^k)^{-\sigma^*}\left(\frac{\eta^k(P_2^k/P_1^k)^{\sigma^*-1}+(t^k)^{-\sigma^*}}{1+(t^k)^{-\sigma^*}\eta^k(P_2^k/P_1^k)^{\sigma^*-1}}\right) \tag{3-9}$$

将公式(3-8)代入公式(3-9),消去价格指数,得到用 ρ^k 和 η^k 表示的 v^k 函数:

$$v^k=\frac{\eta^k\left[(t^k)^{\sigma^*}-(\rho^k)^{\sigma^*}\right]-t^k\left[(\rho^k)^{\sigma^*}-(t^k)^{-\sigma^*}\right]}{\left[(t^k)^{\sigma^*}-(\rho^k)^{-\sigma^*}\right]-\eta^k t^k\left[(\rho^k)^{-\sigma^*}-(t^k)^{-\sigma^*}\right]}\equiv g^k(\rho^k,\eta^k,t^k) \tag{3-10}$$

至此,公式(3-10)给出了两个地区间的产出分布 v^k,它是相对生产成本 ρ^k、相对支出 η^k 以及交易成本 t^k 的函数。为了引用的方便,我们将这个关系定义为函数 g^k。[1]

3.3　制造业和生产性服务业的关联模型

为了阐明两个部门间区位的相互依赖性,我们假设生产性服务业的结构和上一节分析的制造业是一样的。用上标 m 表示制造业,上标 p 表示生产性服务业。假设对最终产品的需求来自每个地区的消费支出。同时,由于制造业以生产性服务业的产出作为投入,因此对生产性服务业产出的需求来自制造业;相应地,制造业的成本依赖于生产性服务业。这种需求的存在以及成本关联意味着 ρ^m 和 η^p 是内生的,ρ^p 表示产业间的成本关联,η^m 则表示需求关联。

Venables(1996)假设两个产业都以劳动力作为投入,并且两个地区的相对工资 $\bar{\omega}=\bar{\omega}_2/\bar{\omega}_1$ 是外生的。就如 Either(1982)的研究一样,将生产性服务业的产出通过 CES 生产函数进入制造业中。具体来说,制造业的生产函数是劳

---

[1]　Venables(1996)认为,该函数成立的必要条件是 $t>\rho>1/t$。

动力和生产性服务的 C-D 函数,而生产性服务业总产出的函数是 CES 生产函数。CES 生产函数的成本函数由公式(3-2)中的价格指数给定[①]。这样,生产性服务业仅有劳动力投入,其相对成本,也就是相对价格就表示为

$$\rho^p = \overline{\omega} \tag{3-11}$$

根据公式(3-2)我们知道,P_i^p 表示地区 i 的价格指数,且假设劳动力和生产性服务通过 C-D 函数构成产出,所以制造业的成本函数和相对成本/价格可以表示为

$$c_i^m = \omega_i^{1-\mu}(P_i^m)^\mu, i=1,2$$

$$\rho^m \equiv \left(\frac{c_2^m}{c_1^m}\right) = \overline{\omega}^{1-\mu}\left(\frac{P_2^p}{P_1^p}\right)^\mu \tag{3-12}$$

其中,μ 是生产性服务在制造业生产中的投入比例。这表明了 ρ^m 取决于 $\overline{\omega}$ 和生产性服务业的价格指数。而生产性服务业的价格指数取决于其成本和企业数量,并且该价格指数的比例就如公式(3-8)的表达。在公式(3-8)中,设定上标 $k=p$,$\rho^p=\overline{\omega}$,并代入公式(3-12),得到

$$\rho^m = \overline{\omega}^{1-\mu}\left(\frac{(t^p)^{1-\sigma^p} + (\rho^a)^{-\sigma^p}\nu^p}{1+(t^p)^{1-\sigma^p}(\rho^p)^{-\sigma^p}\nu^p}\right)^{\mu/1-\sigma^p} \equiv h(\overline{\omega}, \nu^p, t^p) \tag{3-13}$$

这就表示了生产性服务业与制造业的成本关联,即制造业的成本是生产性服务业企业区位的函数,我们用 H 函数描述这种关系。这说明了制造业的相对成本随着相对工资 $\overline{\omega}$ 的上升而上升,随着生产性服务业的相对区位 ν^p 的下降而上升。因此,在生产性服务业规模较大的地方,制造业的成本较低,而这种影响程度的大小取决于生产性服务业的交易成本 t^p。

我们转向需求方,制造业的需求仅来自于消费者支出。我们继续假定它的外生性,即 $\overline{\eta}^m \equiv e_2^m/e_1^m$。而对生产性服务业的需求则是内生的,来自于制造业,在这里我们假设对生产性服务业的需求仅来自于制造业。因此,制造业成本中的中间投入的比重 μ 就决定了生产性服务业的需求,这样生产性服务业的绝对和相对支出可以表示为

$$e_i^p = \mu n_i^m c_i^m (x_{ii}^m + x_{ij}^m + f^m) = \mu n_i^m p_i^m (x_{ii}^m + x_{ij}^m), i=1,2$$

$$\eta^p = [n_2^m p_2^m (x_{22}^m + x_{21}^m)]/[n_1^m p_1^m (x_{11}^m + x_{12}^m)] \equiv \nu^m \tag{3-14}$$

这就是需求关联,表明每个地区生产性服务业的支出与制造业生产区位成比例。建立了产业间的两个关联后,我们就能得到区位均衡的结果。将成

---

① 证明过程可参见 Venables(1996)文章的附录 A。

本函数(3-11)和(3-13),以及需求关联(3-14)代入公式(3-10)的产业区位函数中($k=m,p$),得到

$$v^p = g^p(\bar{\rho}^p, \eta^p, t^p) = g^p(\bar{\omega}, v^m, t^p)$$

$$v^m = g^m(\rho^m, \bar{\eta}^m, t^m) = g^m(h(\bar{\omega}, v^p, t^p), \bar{\eta}^m, t^m) \tag{3-15}$$

由此可得,给定$\bar{\omega}, \bar{\eta}^m, t^p, t^m$,公式中的内生变量$v^p$和$v^m$是可解的。第一个公式表明了生产性服务业的区位取决于制造业的需求,v^p是v^m的增函数。第二个公式表明制造业的区位取决于生产性服务业的供给,v^m是v^p的增函数。也就是集聚经济的两个集聚力——需求关联和成本关联,同时表明了两个产业的区位是同时相互决定的。

3.4 均衡分析

在这里,$\bar{\omega}, \bar{\eta}^m$对两个产业区位的影响较为清晰。图 3-1 显示了不同交易成本下,v^p和v^m的关系。

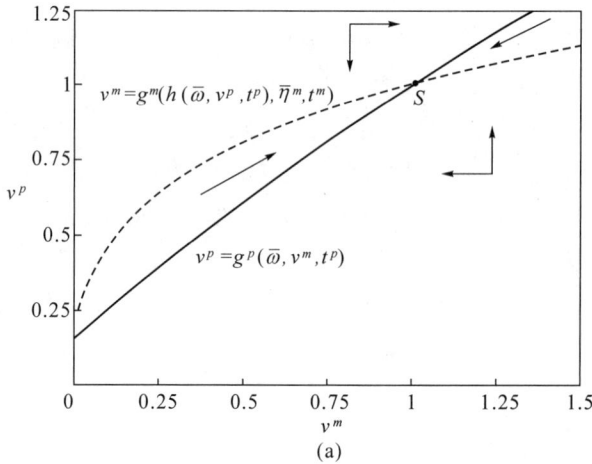

(a)

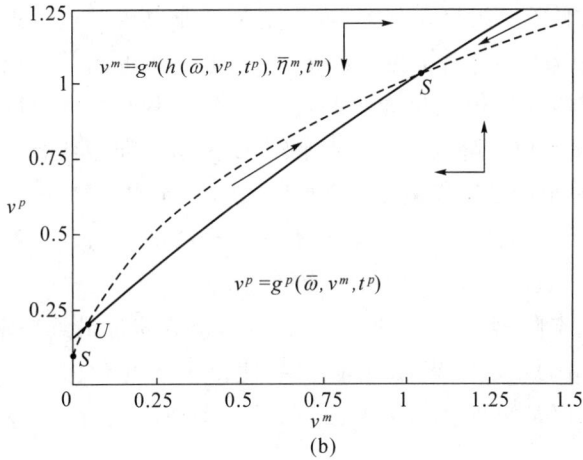

$v^m = g^m(h(\bar{\omega}, v^p, t^p), \bar{\eta}^m, t^m)$

$v^p = g^p(\bar{\omega}, v^m, t^p)$

(b)

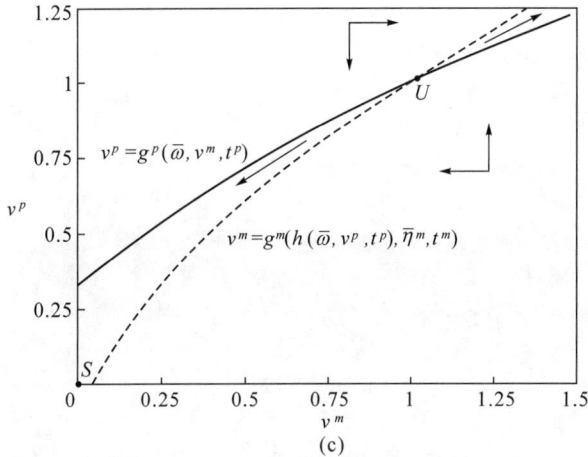

$v^p = g^p(\bar{\omega}, v^m, t^p)$

$v^m = g^m(h(\bar{\omega}, v^p, t^p), \bar{\eta}^m, t^m)$

(c)

图 3-1　交易成本对产业区位的影响

　　当交易成本(t^p, t^m)高时,存在唯一的均衡,$v^p = v^m = 1$,生产将会在两个地区间对称分布以满足最终消费者的需求。我们假设企业根据利润差来调整其区位,因此从图 3-1(a)可以看出均衡是稳定的。当处于 $v^p = g^p(\bar{\omega}, v^m, t^p)$ 下方时,v^m 较小,并且由于需求关联 $\pi_2^p < \pi_1^p$,v^p 会下降。如果处于 $v^m = g^m(h(\bar{\omega}, v^p, t^p), \bar{\eta}^m, t^m)$ 左边,v^p 是低的,并且由于成本关联 $\pi_2^m < \pi_1^m$,v^m 也会下降。这种假设的调整过程如图 3-1 中的箭头所示,表明了均衡的稳定性。

　　图 3-1(b)给出了中等交易水平时 v^p 和 v^m 的关系,这时存在两个稳定均衡。随着交易成本降低,企业靠近最终市场的需求在减弱,而对成本差异越来越敏

感。若生产性服务业集聚在一个地区,则制造业也会向这一地区倾斜,这反过来又为生产性服务业创造了更大的市场,会进一步巩固其区位,但是最终消费者需求的不可移动使得集聚力对制造业的作用小于对生产性服务业的作用。也就是说,当交易成本降低到中等水平时,交易成本足以维持分散均衡的稳定。然而,如果此时企业已经集聚在一个地区了$[\nu^p=0,\nu^m=g^m(h(\overline{\omega},0,t^p),\overline{\eta}^n,t^m)]$,由于产业中其他企业的存在,企业也不存在迁移的动力。当然,这种集聚可能发生在任何一个地区(这个均衡的镜像就是$1/\nu^p\rightarrow0$)。

当交易成本降到更低时[见图 3-1(c)],企业靠近最终需求市场的需求会进一步降低,从而增加了集聚的重要性,使得生产的对称分布不再稳定均衡。此时所有的生产都集聚在一个地区,在另一个地区进行生产的任何一个企业都将亏损。

第4章 生产性服务业与制造业协同定位研究
——都市圈空间维度

4.1 引 言

制造业的发展如果脱离了服务业的支持,很快就会遇到瓶颈。在现实中不难发现,产业结构调整缓慢和升级相对困难的地区一般都是脱离中心大城市支撑的传统农村工业化地区或中小城市地区。然而,服务业特别是生产性服务业,作为制造业的中间投入,也不能脱离制造业而孤立发展。但是,具体到一个特定的城市或区域,生产性服务业的发展能在多大程度上影响制造业的空间布局状况,引领制造业的空间集聚,或者说制造业发展又将如何带动服务业的集聚呢?明确这两者之间的关系,即所谓的协同定位关系,对现实中的区域与城市的产业规划的研究和制定具有非常重要的意义。近年来,二、三产业空间定位的协调已经成为区域与城市发展的重要问题。中心城市的主城区为大力发展现代服务业而提出的"退二进三"政策几乎已成了城市发展的普遍诉求。另外,建立各类制造业集聚区也是城市和区域经济发展主管部门的兴趣所在。因此,在制定城市和地区的产业发展规划时,有关部门常常感到困惑:如何构建合理的产业发展顺序,是优先发展生产性服务业,还是优先促进形成制造业的集群?如何在一个有限的空间中实现二、三产业协调发展?而要回答这些问题,把握生产性服务业与制造业的协同定位关系是关键。

本章提出的生产性服务业与制造业的协同定位,说到底就是两者在空间范围的区位协调问题。笔者认为,生产性服务业与制造业的区位决定是相互影响的。如果说,生产性服务业和制造业两者在产业链上的联系会根据经济发展阶段不同而经历"需求遵从论""供给主导论""互动论"和"融合论"四种关系中的一种,①那么,这两个产业在空间定位或空间布局上的联系,更多地应该是一种协同定位的关系。

本章首先以第3章构建的生产性服务业与制造业的关联模型为基础,将理论模型具化,建立了一组联立方程的实证模型,并以长三角地区的产业区位为例来验证生产性服务业与制造业的协同定位效应以及其他参数对协同定位的影响。

4.2　生产性服务业与制造业范畴的界定及空间分布
——以长三角地区为例

在分析具体的计量结果之前,首先要界定所使用的生产性服务业和制造业的范畴。同时,给出长三角地区生产性服务业与制造业的空间分布状况以及演变,并提出假设。

4.2.1　两个产业的界定

首先,在我国国民经济核算实际工作中,服务业被视为第三产业,其被定义为除农业、工业、建筑业之外的其他所有产业部门。这个定义没有明确指出什么是服务业,而仅仅指出了它不是什么。其次,在这个范围内,国内对服务业分类依据的标准是《国民经济行业分类》。然而,这个标准主要是基于活动的分类,即生产单元是根据它们的主要活动来分类的,而不是根据工作的类型,对于它的使用产生了一些问题。比如,这种分类意味着一个在制造业企业工作的营销经理会被归类在制造行业,而在服务业企业工作的营销经理会被归类在服务行业。因此,基于《国民经济行业分类》的数据无法提供服务行业的真实情况。

笔者认为,理想的生产性服务业的数据应该从最近细分的投入—产出表中获取,这样才有可能确定哪种服务业与制造业企业有联系。但是,这种信息在目前无法获得。全国的地方投入—产出表仅更新到 2007 年,并且是合计数。因此,尽管存在上述缺陷,我们仍然使用《国民经济行业分类》对于服务业的分类界定,将二位数代码在 51~62、68~72、74~76 的服务业确定为生产性

---

① 在不同的经济发展阶段和不同地区,生产性服务业与工业间的主导关系会发生改变,表现为"需求遵从论""供给主导论""互动论"和"融合论"四种关系中的一种(顾乃华,2010)。

服务业①。这样,本书中的生产性服务业的范畴已非常广泛,可以为生产性服务业与制造业的协同定位提供一个广阔的视角。与生产性服务业不同的是,制造业比较容易界定,在 13～43 这个区间的二位数行业被明确界定为制造业。

4.2.2　长三角地区制造业和生产性服务业空间分布的现状及演变

1. 长三角地区制造业和生产性服务业空间分布的现状

总体看来,与生产性服务业相比,制造业较少分布在城市地区。首先,长三角人口最多的三个地区(上海市、南京市、杭州市),2008 年其生产性服务业单位从业人数比重达到 51.30%,但是它们的制造业单位从业人数比重仅有 33.45%。其次,生产性服务业单位从业人数比重最大的地区(上海市 34.63%),其制造业比重只有 20.03%,并且生产性服务业倾向于在城市化经济发达的经济环境中定位。

另外,我们还注意到,有 30 个地区的生产性服务业单位从业人数比重是增加的(2008 年相比于 2004 年),然而这其中仅有约一半地区(16 个)的制造业比重是同步上升的,而另一半地区(14 个)则是下降的。因而我们推论,生产性服务业的发展需要以制造业规模为基础或者说制造业的发展带动了生产性服务业,但是生产性服务业的发展对制造业的发展是带动效应还是挤出效应却因地区不同而不同。

2. 长三角地区制造业和生产性服务业空间分布的演变

由表 4-1 的数据可以发现,制造业和生产性服务业两者的空间演变呈相反趋势。在制造业中,分布最集中的地区(上海市),其单位从业人数比重从 2004 年的 24.89% 下降到了 2008 年的 20.03%,而集中程度次于上海的地区(杭州市、宁波市、苏州市),单位从业人数其制造业比重是上升的,表明制造业不再局限于少数地区,而是呈现以原集聚地区为中心向周围地区扩散的现象。而在生产性服务业中,集中程度最高的四个地区(上海市、杭州市、南京市、宁波市),除了南京市,其余三个地区的单位从业人数比重是增加的,呈现出更加明显的集聚趋势。

我们还发现,2004 年到 2008 年期间,制造业单位从业人数比重及生产性

---

①　即交通运输业、计算机应用服务业、金融业、房地产业、商务服务业、科学研究业、专业技术服务业。

服务业比重前四位的地区在总比重变化上存在差异。这四个地区(上海市、杭州市、南京市、宁波市)的制造业单位从业人数比重从 40.79% 下降到了 39.90%,而它们的生产性服务业单位从业人数比重却从 51.27% 上升为 55.39%(见表 4-1)。这也从另一个角度说明了制造业集聚程度在降低,而生产性服务业的集聚程度在上升。

表 4-1 2004 年及 2008 年长三角地区制造业和生产性服务业单位从业人数比重前四位的地区

类别	地区	2008 年比重/%	2004 年比重/%
生产性服务业单位从业人数比重前四位	上海市	34.63	34.41
	杭州市	9.88	6.43
	南京市	6.79	7.27
	宁波市	4.09	3.16
制造业单位从业人数比重前四位	上海市	20.03	24.89
	杭州市	8.39	4.64
	宁波市	5.85	5.40
	苏州市	5.63	3.90

3. 小结

从上述对长三角地区制造业和生产性服务业的空间分布现状以及演变的描述分析中,我们得出,生产性服务业区位与制造业区位之间有高度的相关性。生产性服务业的发展需要以制造业规模为基础,但是生产性服务业的发展对制造业的发展是带动效应还是挤出效应却因地区不同而不同。由于生产性服务业比制造业更倾向于在城市化经济发达的经济环境中定位,因而存在制造业扩散,而生产性服务业集聚程度上升的现象。因此,提出第 1 个假设:

假设 1:生产性服务业与制造业存在协同定位效应,城市规模会对其产生影响。

通过第 3 章的理论分析我们发现,在经济一体化的过程中,交易成本对上下游产业的协同定位有着重要影响:一般均衡要素价格弹性以及产业自身的特征交织在一起决定了交易成本的降低是与产业集聚、经济结构发散以及收入差距缩小联系在一起,还是与产业扩散及由此引起的收入差距扩大联系在一起。但是仍然需要进一步定量分析该因素的作用路径,从而判断哪些产业

受向心力主导,哪些产业受离心力主导。因此,提出第 2 个假设:

假设 2:生产性服务业与制造业存在协同定位效应,交易成本对该效应有重要影响。

4.3 生产性服务业与制造业协同定位的两方程联立模型实证分析

4.3.1 实证模型的确定和变量选择

1. 实证模型的确定

根据理论模型,两个产业的区位是其生产成本、交易成本及支出的函数。我们首先构造制造业区位的实证模型:

$$M_i = c(1) + c(2)Pa_i + c(3)\omega_i + c(4)trans_i + c(5)(trans_i \cdot Pa_i)$$
$$+ c(6)(D_i \cdot Pa_i) + \varepsilon_i \tag{4-1}$$

方程(4-1)体现了垂直关联中的成本关联,制造业是生产性服务区位、消费支出以及交易成本的函数。其中,以生产性服务业可获得性来表示制造业的生产成本是因为随着传统制造业生产能力的急剧膨胀和实物产品的全面过剩,知识密集型的生产性服务业成为企业构成产品差异和决定产品增值的基本要素。因而,在研究两者的协同定位关系时,以生产性服务业区位作为制造业生产成本的代理变量是合适的。其他各个变量的含义如表 4-2 所示。

表 4-2 制造业区位实证模型[方程(4-1)]中各个变量的含义

变量	理论模型中的含义	符号	代理变量
制造业区位	产业区位 v^k	M_i	该地区每平方千米的制造业单位从业人数
制造业支出	消费支出 η^k	ω_i	该地区职工平均工资
制造业生产成本(成本关联)	生产成本 ρ^k	Pa_i	生产性服务业可获得性
制造业交易成本	交易成本 t^k	$trans_i$	该地区货运总量
交叉变量		$trans_i \cdot Pa_i$	Pa_i 对 M_i 的影响因交易成本的变化
		$D_i \cdot Pa_i$	Pa_i 对 M_i 的影响因城市规模的变化

其次,根据理论模型构建生产性服务业区位的实证模型:

$$P_i = c(7) + c(8)Ma_i + c(9)h_i + c(10)comu_i + c(11)(comu_i \cdot Ma_i)$$
$$+ c(12)(D_i \cdot Ma_i) + \mu_i \tag{4-2}$$

方程(4-2)则体现了垂直关联中的需求关联，生产性服务业是制造业区位、生产成本以及交易成本的函数。同样地，由于制造业是生产性服务业的主要下游产业，其可获得性也可理解为生产性服务业的支出。其他各个变量的描述如表4-3所示。

其中，我们使用如下公式来计算制造业的可获得性和生产性服务业的可获得性：

$$Ma_i = \sum_{i,j \in W, i \neq j} M_j \exp\{-\lambda t_{ij}\}\theta_i, \quad \theta_i = \frac{M_i}{\sum_i M_i}, \quad i \in W \tag{4-3}$$

$$Pa_i = \sum_{i,j \in W, i \neq j} P_j \exp\{-\lambda t_{ij}\}\theta_i, \quad \theta_i = \frac{P_i}{\sum_i P_i}, \quad i \in W \tag{4-4}$$

即 i 地区的总体可获得性是由该功能区内所有地区可获得性的加权平均数构成的。θ_i 表示地区 i 的制造业（生产性服务业）区位，以其单位从业人数占整个 W 地区该产业单位从业人数的比重表示。t_{ij} 则表示 i 地区和 j 地区之间的时间距离[①]，是一种距离衰变或者说距离摩擦变量。在这个可获得性变量的计算公式中，借鉴 Hugosson 和 Johansson 的计算[②]，将 λ 设置为 0.017。

表4-3　生产性服务业区位实证模型[方程(4.2)]中各个变量的含义

变量	理论模型中的含义	符号	代理变量
生产性服务业区位	产业区位 ν^k	P_i	该地区每平方千米的生产性服务业单位从业人数
生产性服务业支出（需求关联）	消费支出 η^k	Ma_i	制造业可获得性
生产性服务业生产成本	生产成本 ρ^k	h_i	该地区"普通高等学校在校人数"与"年末单位从业人员数"之比
生产性服务业交易成本	交易成本 t^k	$comu_i$	该地区电信业务总量
交叉变量		$comu_i \cdot Ma_i$	Ma_i 对 P_i 的影响因交易成本的变化
		$D_i \cdot Ma_i$	Ma_i 对 P_i 的影响因城市规模的变化

---

①　具体地说，时间距离以 2010 年两个地区间开车所需的时间来计算，通过 Google Earth 人工收集该数据。

②　该值是 Hugosson 和 Johansson 在研究地区间商业流时确定的。

2.需要解决的计量问题

需要解决的计量问题是当一个或多个解释变量与因变量通过一个均衡机制联合被决定时出现的内生性问题。为了确定恰当的估计方法以及工具变量,我们将方程(4-1)和(4-2)简写成

$$M = \alpha_1 P + \beta_1 Z_1 + u_1 \tag{4-5}$$

$$P = \alpha_2 M + \beta_2 Z_2 + u_2 \tag{4-6}$$

上两式中的变量都是向量形式,因此省略了原实证模型(4-1)和(4-2)中的下标 i。Z_1 是影响制造业区位的可观测因子的向量组,误差项 u_1 则包括了影响制造业区位的其他因素;同样地,Z_2 表示影响生产性服务业区位的一组可观测因子,误差项 u_2 则包括了影响生产性服务业区位的其他因素。当给定 Z_1、Z_2、u_1 和 u_2 时,方程(4-5)和(4-6)就确定了 M 和 P。但是,通常来说,与因变量同时确定的解释变量一般都与误差项相关,这就导致了普通最小二乘法(OLS)中存在偏误和不一致性。

我们仅仅对方程(4-5)进行估计,假设变量 Z_1 和 Z_2 都是外生的,这样它们与 u_1 和 u_2 都无关。将式(4-5)的右边作为 M 代入式(4-6)中,得到

$$P = \frac{\alpha_2 \beta_1}{(1-\alpha_2\alpha_1)} Z_1 + \frac{\beta_2}{(1-\alpha_2\alpha_1)} Z_2 + \frac{(\alpha_2 u_1 + u_2)}{(1-\alpha_2\alpha_1)}, \alpha_2\alpha_1 \neq 1 \tag{4-7}$$

令 $v_2 = (\alpha_2 u_1 + u_2)/(1-\alpha_2\alpha_1)$[①],显然,$v_2$ 是 u_1 和 u_2 的线性函数,只要 $\alpha_2 \neq 0$,v_2 和 u_1 就一定相关。即使 $\alpha_2 = 0$,如果 u_1 和 u_2 相关,v_2 和 u_1 也相关。只有当 $\alpha_2 = 0$ 且 u_1 和 u_2 不相关时,V_2 和 u_1 才不相关。然而,这是相当高的要求:一方面,如果 $\alpha_2 = 0$,P 与 M 就不是同时确定的了;另一方面,如果增加 u_1 和 u_2 零相关的假设,那就排除了 u_1 中与 P 相关的遗漏变量和测量误差。

在我们的实证模型中,方程的联立性决定了 P 与 M 是同时确定的,也就是说 $\alpha_2 \neq 0$,因此 v_2 和 u_1 是相关的,进而决定了 P 和 u_1 也相关。此时对方程(4-5)使用 OLS 估计法,就会导致其中 α_1 和 β_1 的估计量有偏误和不一致。同样的问题也存在于方程(4-6)中。而两阶段最小二乘法(TSLS)可以解决内生

---

① 　计量经济学中称其为约简型误差(伍德里奇,2010,第 526 页)。

解释变量问题[①]。在这里,我们对两个内生变量 **M** 和 **P** 都设定了一个结构方程,所以能够很容易看出是否有足够的工具变量去估计每个方程[②]。方程(4-2)包含的两个外生变量(h_i 和 $comu_i$),是被排除在方程(4-1)之外的。同样地,方程(4-1)中的 ω_i 和 $trans_i$ 也是被排除在方程(4-2)之外的外生变量。因此,本书设定的两方程联立模型是可解的。

当保证至少有一个外生变量被第一个方程略去,且确实出现在 **P** 的约简型中时,就可以用这些变量作为 **P** 的工具变量。这样,就很容易确定用两阶段最小二乘法估计两方程联立模型时所需要使用的工具变量。因此,本书使用 h_i 和 $comu_i$ 作为方程(4-1)的工具变量,ω_i 和 $trans_i$ 作为方程(4-2)的工具变量。同时,借鉴 Moomaw 的处理方法,使用当地税收、人口密度以及该城市其他工业活动的平均工资作为共同的工具变量。税收与产量的关系其实反映了政府的经济政策与产业布局之间的关系,人口密度反映了地区要素集约程度与产业布局之间的关系,这两者均是决定区域经济与地区产出的关键性因素。对应地,其他行业的薪酬水平,反映了整个地区的经济发展水平与要素价格水平、物价水平,因此某种程度上可以理解为该行业工资水平的镜像。但三者却显然均与该行业的单位从业人数无直接关联。这些工具变量在第一阶段回归中显示了一定的解释能力,随后通过 J 统计量也证实了其与随机扰动项不相关。

4.3.2　实证结果

1. 总体评价

表 4-4 给出了使用 2008 年长三角地区的产业区位数据的 TSLS 估计结果,各个变量的实证结果基本符合预期,下面将分别说明。

(1)联立方程中,两个主要变量的结果完全符合预期。表示需求关联的制造业区位(制造业单位从业人数密度)对生产性服务业的可获得性具有显著正

---

① 内生性表明该模型应该用工具变量 IV(Instrumental Variables)法或广义矩估计法(GMM)。虽然 TSLS 在工具变量选取上较难把握,且在"过度识别"的前提下,也可考虑 GMM,但考虑到后者仅在样本容量很大以及存在异方差的情形下才明显优于前者,因此这里我们采用 GMM 的特例 TSLS。

② 识别两方程联立模型中第一个方程的充要条件是,第二个方程中至少包含第一个方程所排除的外生变量中的一个(具有非零系数)(伍德里奇,2010)。

影响,而表示成本关联的生产性服务业区位(生产性服务业单位从业人数密度)对制造业的可获得性也具有显著正影响。但是,由于生产性服务业不仅仅是制造业的投入,而且是其他生产性服务业的投入(如金融业既服务于各个制造业企业,也服务于如信息传输业、计算机服务业、技术服务业等的生产性服务行业),因此其受制造业可获得性影响的程度小于其对制造业分布影响的程度,回归的结果也证实了这一点。

(2)其他四个控制变量的结果也都符合预期。制造业消费支出的代理变量,与制造业区位是显著正相关的;生产性服务业生产成本的代理变量,与生产性服务业区位也是显著正相关;交易成本的两个替代变量,与产业的区位也存在正相关关系并且显著。

表 4-4　生产性服务业与制造业协同定位的实证结果

变量	系数	M	P
C	$c(1)c(7)$	$-2.53^*(-2.95)$	$-0.16^{**}(-2.57)$
Pa	$c(2)$	$2.20^*(7.36)$	
Ma	$c(8)$		$0.17^*(3.74)$
ω	$c(3)$	$1.21^*(3.03)$	
h	$c(9)$		$0.07^{**}(2.04)$
$trans$	$c(4)$	$0.73^{**}(2.42)$	
$comu$	$c(10)$		$1.37^*(7.34)$
$trans \cdot Pa$	$c(5)$	$-0.38^*(-3.24)$	
$comu \cdot Ma$	$c(11)$		$0.04^*(2.63)$
$D \cdot Pa$	$c(6)$	$-1.33^*(-2.62)$	
$D \cdot Ma$	$c(12)$		$0.38^*(3.32)$
$Adj R^2$	0.56	0.92	
F test		425.10^{***}	496.40^{***}
J test		0.034	0.068

注:①本文实证所使用的数据来自《2010 年浙江省统计年鉴》《2010 年江苏省统计年鉴》《2010 年上海市统计年鉴》。

②*,**,***分别表示在 1%,5%,10%水平上显著。

③第一阶段 F 统计量测试检验工具变量是否为弱工具变量,由于方程为过度识别,我们采用 J 统计量测试其外生性。

(3)交易成本的两个交叉变量与产业区位的相关关系是完全相反的。制造业的交易成本(运输水平)与生产性服务业区位这一交叉变量是显著负影响的,而生产性服务业的交易成本(通信成本)与制造业区位这一交叉变量却是显著正影响的。这表明随着交易成本的上升,生产性服务业对制造业具有排斥力,而制造业对生产性服务业却具有吸引力。交易成本的上升会使产业对成本差异较不敏感,而对市场规模的差异更为敏感,进而使该产业向最终消费者所在地靠近。由于两者的成本构成和市场对象不同,因而有着不同的相关关系。一方面,生产性服务业以制造业为主要市场,因而其交易成本上升(通信水平下降),这使得生产性服务业更加靠近其市场,即制造业所在地,体现出正相关关系;另一方面,生产性服务业又构成制造业的成本,制造业的交易成本上升(运输水平下降),使其对成本较不敏感,因而推动制造业向其最终消费者所在地靠近,也就体现了负相关关系。这两种相反的关系也可以理解为两个产业交易成本所处阶段的差异。对于制造业,目前国内的交易成本已经较低(运输水平较高),制造业对成本差异较为敏感,集聚在生产性服务业发达的地区,因而当一段时间内运输水平没有显著提高时,最终市场对制造业的吸引力会增强。对于目前的集聚来说,也就是分散力在增强,从而出现扩散的现象。而对于生产性服务业,目前国内的通信水平仍处在发展阶段,其交易成本较高,因而生产性服务业较多地分散在原本制造业发达的地区。若通信水平得到快速发展(交易成本下降),生产性服务业将更多地受其成本(知识密集型劳动力)影响,偏离制造业中心而向知识密集型劳动力较多的城市中心集聚。

(4)同样,城市规模的两个交叉变量的实证结果也呈现相反的方向。城市规模与生产性服务业区位这一交叉变量是显著负影响的,而城市规模与制造业区位这一交叉变量却是显著正影响的。这是由于城市规模越大,土地资源相对越紧缺,进而引起土地价格上升,而生产性服务业的地均产出明显高于制造业,因此其对土地价格这一生产成本有较高的承受力,从而会出现随着城市规模的扩大,生产性服务业在中心集聚而制造业向外围扩散的现象。这也正符合实证的结果。

2. 点弹性的计算及评价

点弹性的计算对于精确判断变量的相对影响值是很有用的。制造业对于生产性服务业可达性的点弹性以及生产性服务业对制造业可达性的点弹性分别由方程(4-8)、(4-9)表示:

$$\varepsilon_{M,P} = \frac{\partial M}{\partial P} \cdot \frac{\overline{P}}{\overline{M}} \tag{4-8}$$

$$\varepsilon_{P,M} = \frac{\partial P}{\partial M} \cdot \frac{\overline{M}}{\overline{P}} \tag{4-9}$$

表 4-5 表示了上述估计结果下的点弹性。显然,两个产业间的点弹性有很大差异。

(1)总的来说,不论是在大城市地区,还是在小城市地区,制造业的点弹性都远远大于生产性服务业的点弹性,表明制造业区位受生产性服务业区位的影响更大。20 世纪 90 年代以来,由于传统制造业生产能力的急剧膨胀和实物产品的全面过剩,产品利润率持续下降,知识密集型的生产性服务业成为构成产品差异和决定产品增值的基本要素。因而,与其他物质投入相比,制造业更加依赖生产性服务业这种中间投入品。但是反过来却不同。生产性服务业不仅仅是制造业的中间投入品,它们之间也是互为中间投入品的,这也就决定了生产性服务业虽然依赖制造业,但不完全受制于它。

表 4-5　基于方程(4-1)和(4-2)回归模型的点弹性

	制造业的点弹性	生产性服务业的点弹性
全部地区	0.991637	0.367547
大城市地区	1.139421	0.319876
小城市地区	0.799392	0.455939

(2)细分来看,两个产业的点弹性在大城市和小城市地区也存在差异。在小城市地区,不论是制造业还是生产性服务业发展都不如在大城市地区,因而制造业对于知识密集型生产性服务业的较低需求决定了小城市地区的制造业的点弹性小于大城市地区。而反过来,生产性服务业对于制造业的单一依赖决定了小城市地区的生产性服务业的点弹性要大于大城市地区。这意味着制造业区位选择在大城市地区比小城市地区受生产性服务业的影响更大,而生产性服务业区位选择则在小城市地区更易受制造业的影响。这种不对称性表明了生产性服务业的发展受城市经济存在的影响要大于制造业。

4.4　本章小结

最近的关于集聚经济的模型和集聚的文献,对于中间投入部门和最终部门之间的协同定位研究常常强调对中间投入品的接近性。本书的贡献在于应用建立在两个部门间投入产出关系假设基础上的联立方程模型,以长三角地区的产业区位为例来验证制造业和生产性服务业之间的协同定位效应,并得出以下结论：

结论1：制造业和生产性服务业存在协同定位关系，但是生产性服务业受制造业区位影响的程度小于其对制造业分布影响的程度。这是因为，相比于其他物质投入品，制造业更加依赖生产性服务业这种中间投入品，而生产性服务业则不完全受制于制造业，因为它不仅仅是制造业的中间投入品，它们之间也是互为中间投入品的。

结论2：生产性服务业与制造业的协同定位效应受城市规模及交易成本影响。首先，在都市圈范围内，不论是制造业还是生产性服务业，小城市的发展水平都远远落后于大城市地区。但是从比较优势的角度来看，制造业在小城市地区具有比较优势，而生产性服务业在大城市地区具有比较优势。也就是说，城市规模对本地确定产业发展优先顺序进而引导生产性服务业与制造业协同定位有着重要影响。其次，交易成本的降低会促进产业集聚，这对制造业或生产性服务业都是适用的，不同的是制造业交易成本的降低（运输成本下降）是通过推动制造业靠近生产性服务业发达的地区来实现互补性的协同定位的，而生产性服务业交易成本的降低（通信成本下降）则是通过推动生产性服务业向城市中心（具有丰富的知识密集型劳动力）集聚来实现挤出性的协同定位的。

结论3：通过对交易成本以及城市规模影响协同定位效应的分析，大城市地区的生产性服务业集聚而制造业扩散这一现象得到了解释。首先，目前国内运输水平较为发达，而通信水平较为落后，难以大幅度降低的运输成本决定了制造业的扩散，而通信成本的不断降低提升了生产性服务业的集聚程度。其次，生产性服务业的地均产出高于制造业，其对土地成本的较高承受力导致了生产性服务业在中心集聚而制造业向外围扩散。并且，这种现象具有累积循环效应，生产性服务业在大城市中心的集聚会进一步降低其交易成本（通信成本），并提升对地均产出的要求，从而巩固其集聚趋势。

第5章 生产性服务业与制造业协同定位研究
——都市空间维度

5.1 引 言

随着空间计量经济学的兴起,优化城市空间结构的可能性不断增大,产业区位、企业集中与企业规模关系研究是城市空间组织研究和产业经济学及城市经济学的主要交叉领域。把握这三者之间的关系,对于制定具有战略意义的产业规划、区域规划和城市规划具有重要的意义。迄今为止,不少学者研究了制造业企业区位及集聚产业的企业特征,如 Boschma 和 Lambooy(2002)认为,制造业生产的集中是与垂直解体及基于功能整合的小生产单元网络联系在一起的。近年来,生产性服务业的高速增长使得其成为城市[①]空间结构分析的新焦点。Holmes 和 Stevens(2002,2004)、Lafourcade 和 Mion(2004)发现企业规模与集中程度的显著正相关关系既存在于制造业中,也存在于生产性服务业中。然而,不同于大规模制造业企业由于土地和工资成本的上升而搬迁至低工资的中小城市和城郊地区[②],服务业企业则为了避免人力资源迁移的高额成本进而获得规模经济,仍然集聚在大城市地区(Holmes et al. ,2002;Clark,1997)。

正是由于这种现象的存在,笔者认为,在单个城市的空间范围内,生产性服务业集聚与制造业集聚并不完全是挤出效应,也存在互补效应,并且笔者认为两者的互补或挤出,都是互动过程的一种表现,即协调发展。因此本章以生

---

① 本章提到的"都市"和"城市"为一个概念。

② 本章所指的城郊地区是相对于市中心而言的,它仍是属于市辖区范围的,与第6章所指的"城郊"不是一个概念。

产性服务业 7 个细分行业在区域中心大城市(杭州市)的分布格局为主要研究对象,并与制造业的分布格局进行比较,探究生产性服务业与制造业在城市内部协调发展的特性。首先计算城市核心地区(市中心)的企业集中程度及基于距离的集聚程度,然后运用计数模型(泊松回归模型和负二项回归模型)来比较各个细分行业企业规模与偏离市中心距离之间的关系,来检验企业规模对城市内部生产性服务业与制造业协调的作用路径。本章与以往研究不同的是,不再关注城市之间的生产性服务业分工关系(吴智刚等,2003),而是将视野缩小到一个具有有限空间辐射范围的区域中心城市的层面上,探究城市内部的生产性服务企业的分布格局。并且使用 GIS 工具将企业的地理空间属性与产业属性(所属行业、就业人数等)联系起来,使得我们能将产业经济学问题与城市空间结构研究紧密结合起来,从而填补这一研究领域的空白,并为城市规划和产业发展规划的结合提供理论依据。

5.2　方　法

首先,描述广义的空间分布,从企业个数和就业人数两个角度比较不同细分行业的空间集聚情况,然后计算基于距离的集聚指标 $L(d)$ 值,从而比较企业规模和偏离市中心距离的关系。然后,运用稳定性分析来表现集中、集聚和企业规模与偏离市中心距离的敏感度的相关性。

5.2.1 行业集中度指标

从制图分析开始。地图(作为一种工具)直观地描绘了一个大城市地区的企业分布,并且对于证明城郊扩展导致行业分布扩散的观点很有用(Fuji et al.,1995;Gordon et al.,1996)。细分行业的企业分布图强调了不同行业的企业在市中心的集中状况存在差异,并揭示了一个城市内生产性服务业企业的分布格局。然后,我们将以区域性中心大城市杭州为例,探索服务业企业在城市内部的空间分布规律。我们将对距离杭州市中心 0~3km,3~6km 以及 6~15km 三个范围内的企业特征做一个描述。0~3km 核心圈层包括作为杭州城市 CBD 的武林商圈和作为城市主轴的莫干山路及天目山路。3~6km 中间圈层则包括杭州的两个城市次中心——黄龙商圈和钱江新城,以及新建主干道(上塘高架、中河高架、文一西路、德胜快速路)的商业部分。我们发现,很少有生产性服务业企业分布在距离市中心 15km 以外的地区。对每个圈层，用下述公式计算各个细分行业的产业集中程度（γ_{ij}）和地理集中程度（ρ_{ij}）：

$$\gamma_{ij} = x_{ij} / X_i \qquad\qquad (5\text{-}1)$$

$$\rho_{ij} = N_{ij} / A_j \qquad\qquad (5\text{-}2)$$

其中，x_{ij} 是 i 行业在 j 圈层的企业数量或就业人数，N_{ij} 是整个研究区域圈层 j（面积为 A_j）中 i 行业的企业点的个数。

而行业的地理集中程度实质上就是该行业的集聚程度，但是以密度表示的地理集中程度受企业规模的影响，因此需要引入不受规模影响的方法来计算行业集聚程度。

5.2.2　基于距离的行业集聚指标

这里我们使用 Marcon 和 Puech(2003) 的 Ripley'S K 函数来确定细分行业的生产性服务业企业是否显著集聚。该函数的原理是计算一个企业在给定距离下找到邻居的概率（Upton 和 Fingleton，1985），它在完全随机分布的假设下，比较所有企业间距离的累积分布函数。其计算公式表示如下：

$$K(d) = A \sum_{i=1}^{n} \sum_{j=1}^{n} \frac{\delta_{ij}(d)}{n^2} (i,j = 1,2,\cdots,n; i \neq j, d_{ij} \leqslant d) \qquad (5\text{-}3)$$

其中，A 为研究区面积，n 为点的个数，d 为空间尺度；$\delta_{ij}(d) = 1(d_{ij} \leqslant d)$ 或 $\delta_{ij}(d) = 0(d_{ij} > d)$，$d_{ij}$ 为企业点 i 与 j 之间的距离。

为使期望值线性化并保持方差稳定，Besag(1977) 提出用 $L(d)$ 代替 $K(d)$。

$$L(d) = \sqrt{\frac{K(d)}{\pi}} - d \qquad\qquad (5\text{-}4)$$

在完全空间随机分布（Complete Spatial Randomness，CSR）的假设下，不论 d 值如何，$L(d)$ 永远为 0。这使得我们能够利用 $L(d)$ 与 d 的关系图评价某细分行业企业在不同空间尺度下行业的分布格局，与完全随机分布相比，是更集聚还是更均匀。$L(d) > 0$ 表示该行业有空间集聚分布的趋势，$L(d) < 0$ 表示该行业有空间均匀分布的趋势，$L(d) = 0$ 表示该行业呈完全随机的空间分布。具体步骤如下：首先，以 ArcGIS 平台的杭州市街区矢量图作为基础地图，根据每个企业的详细地理位置，将统计数据转化为空间数据，并对照 2011 版杭州市地图，对空间数据的准确性做抽样检验。其次，在 Spatial Statistics 工具箱中利用 Ripley K Function 工具进行不同细分行业的 Ripley'S K 函数分析及显著性检验。软件系统研究区地理范围及 100 级距离步数决定起始距

离、距离步长均取值 200m。边界校正采用模拟边界外值法;第三,将 ArcGIS Desktop 输出的 DBF 格式计算结果导入 Excel 软件后生成 d 值与 $L(d)$ 值的关系曲线。Ripley L 指数偏离随机性的显著性检验采用 Monte Carlo 模拟法(置信度取 99%),并以 Excel 软件绘制其上、下包迹曲线。若 $L(d)$ 值大于上包迹线,则呈现显著集聚分布;若 $L(d)$ 值小于下包迹线,则呈现显著均匀分布;若 $L(d)$ 值落入上、下包迹线内,说明其空间分布未显著偏离随机分布。

5.2.3 负二项回归

在评估了企业集中、集聚的特征之后,我们来研究企业规模和区位的关系。规模与区位之间的相关关系是否显著? 是正相关还是负相关? 各个细分行业间企业规模与偏离市中心距离的关系是否有显著差异? 如果是显著的正相关关系,那么 Scott(2001)提出的关于大城市地区制造业企业分布的结论就可以推广到生产性服务业。他认为,标准化生产并嵌入在密集网络体系中的小企业会定位在城市中心,而向全国市场提供标准化产品的大规模制造业企业则位于城市郊区。同样地,正相关关系也支持了 Nelson(1986)的结论,他强调了位于城郊的大规模"后台"职能机构(如呼叫中心)的作用。这些职能机构迁移到城郊以逃避市中心的高地价并获取城郊大量的柔性劳动力(Nelson,1986)。而一个显著的负相关关系则意味着大规模企业提供更尖端的服务,因而愿意支付市中心高土地价格来获取外部性。当内部规模经济和范围经济与外部性正相关时,就会出现这种情况。相对地,小而分散的企业,较少关注市中心的外部性效应,为城郊的企业和居民生产标准化产品。

我们将产业组织与区位的关系具化为企业规模与偏离市中心距离的关系。每个企业的就业人数是任意非负整数,是典型的计数变量。严格地说,它的分布既不是连续的,也不是正态的(小规模企业很多,而大规模企业很少),而可能是服从泊松分布或负二项分布的。将此类变量作为因变量进行常规线性回归分析就会违反这种方法本身所要求的假定条件,得到的估计是有严重偏差的,并且相应的统计检验都是无效的(斯蒂芬·W.劳登布什,2007),所以在计量分析时采用计数模型比线性模型更合适。

我们从泊松回归模型开始分析。每个观察对象 i 的独立变量 y_i 是非负整数[①],其概率函数为

[①] 本书选取的企业就业人数均在 10 人以上,因此确切地说,y_i 是大于 10 的整数。

$$\text{Prob}(Y_i = y_i) = \frac{\exp(-\lambda)\lambda_i^{y_i}}{y_i!}, y_i = 10, 11, 12, \cdots; i = 1, 2, 3, \cdots \quad (5\text{-}5)$$

其中，$\lambda_i = \exp(x_i\beta)$，$x_i$ 是企业偏离市中心的距离，β 是对应的参数。但是，泊松回归模型的约束条件均值等于方差（$E[Y_i] = \text{Var}[Y_i] = \lambda_i$）在经验应用中经常不成立，在这种情况下若仍采用泊松模型，变量参数的估计会不一致，假设检验就无效了。而负二项回归模型允许均值方差的差异，放宽了变量的限制，因而是更优的选择（Cameron et al., 1998）。将泊松参数表达式改写为

$$\tilde{\lambda}_i = \exp(\beta x_i + \varepsilon_i) \quad (5\text{-}6)$$

其中，ε_i 反映的是行业间的异质性。假定误差项 $\exp(\varepsilon_i)$ 服从参数为（1，δ）的伽马分布，且独立同分布，那么这时 y_i 服从负二项分布：

$$\text{Prob}(Y_i = y_i) = \frac{\Gamma(\lambda_i + y_i)[\delta]^{\lambda_i}}{\Gamma(\lambda_i)\Gamma(y_i + 1)[1 + \delta]^{(\lambda_i + y_i)}} \quad (5\text{-}7)$$

此时，均值和方差则分别是 $E[Y_i] = \lambda_i$ 和 $\text{Var}[Y_i] = \left[\dfrac{1+\delta}{\delta}\right]\lambda_i$。显然，当 δ 为任意非零常数时，方差大于均值。由于 $\exp(\varepsilon_i)$ 的引入允许方差大于均值，所以负二项回归模型能较好地解决样本过度分散问题。不论是泊松模型还是负二项回归模型，都只有 β 是未知参数，可以采用最大似然法对 β 进行估计（Cameron et al., 1998）。

5.3　数　据

本章以杭州市为例来分析产业层面的城市空间结构，是由于杭州作为区域中心大城市，一方面受更高阶层的城市（本书称为"一级城市"，如上海）的影响和辐射，并向一级城市释放影响力（但并非对称的影响力）；另一方面，又在以自己为中心的次级都市圈中复制着一级都市圈中的中心城市的影响和辐射功能，带动次级都市圈的经济发展（见图 5-1）。其辐射半径一般为特定区域范围内的有限空间，除了少数被称为世界城市的国际性大都市①外，大中型城市实际上是具有有限集聚辐射半径的区域中心。本书选取了交通运输业（51～

---

①　这些世界城市或全球城市可被认为是辐射半径无限的区域中心，即全球中心。

57)、计算机应用服务业(61~62)、金融业(68~71)、房地产业(72)、商务服务业(74)、科学研究业(75)、专业技术服务业(76)这7个生产性服务业细分行业的企业数据来考察城市内部生产性服务业的细分行业分布格局以及其与制造业的空间关系。每个细分行业的企业数量如表5-1所示,剔除了224家无法确定地理位置的企业后,我们选取了5998家生产性服务业企业及2387家制造业企业。

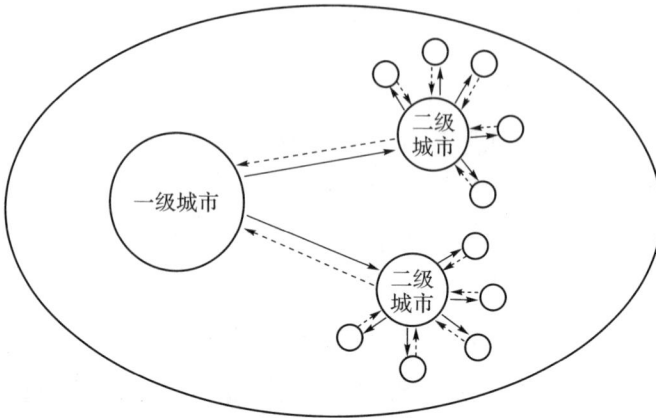

图 5-1　一级中心城市和二级中心城市的扩散和辐射

表 5-1　生产性服务业细分行业及制造业企业数量

行业分类编码	表示符号	行业名称	企业数量
51~57	S_1	交通运输业	518
61~62	S_2	计算机应用服务业	1427
68~71	S_3	金融业	683
72	S_4	房地产业	738
74	S_5	商务服务业	1258
75	S_6	科学研究业	134
76	S_7	专业技术服务业	1240
生产性服务业合计			5998
13~43	S_0	制造业	2387

5.4   生产性服务业与制造业企业分布现状分析
——以杭州市为例

5.4.1   产业集中度和地理集中度分析

图 5-2 和图 5-3 显示了杭州市的企业分布情况。笔者发现,很少有生产性服务业企业分布在城市边缘的地方——市区的北部和东部地区。大量的商务服务业、金融业、计算机应用服务和科学研究业企业显著分布在市中心地区。许多交通运输业、专业技术服务业以及房地产业企业被吸引到传统的城市主干道周围,这对城市的流动性至关重要,而新的主干道系统则影响力较小。

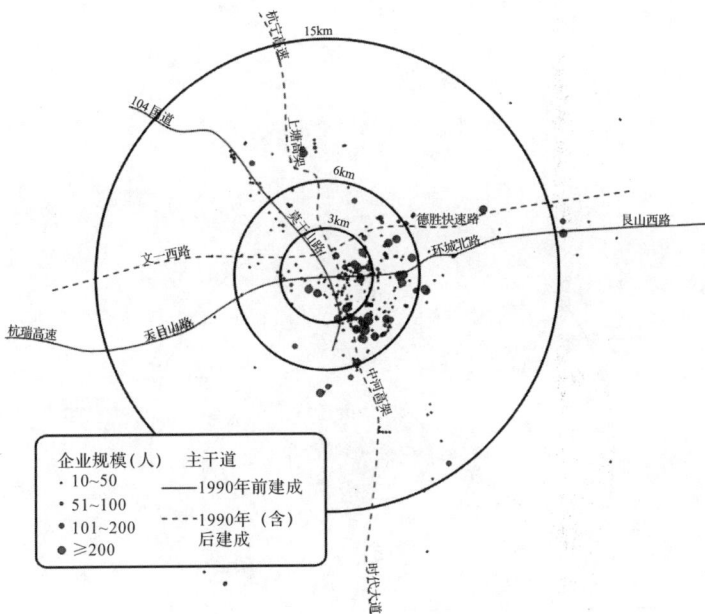

S_1 交通运输业(51~57)

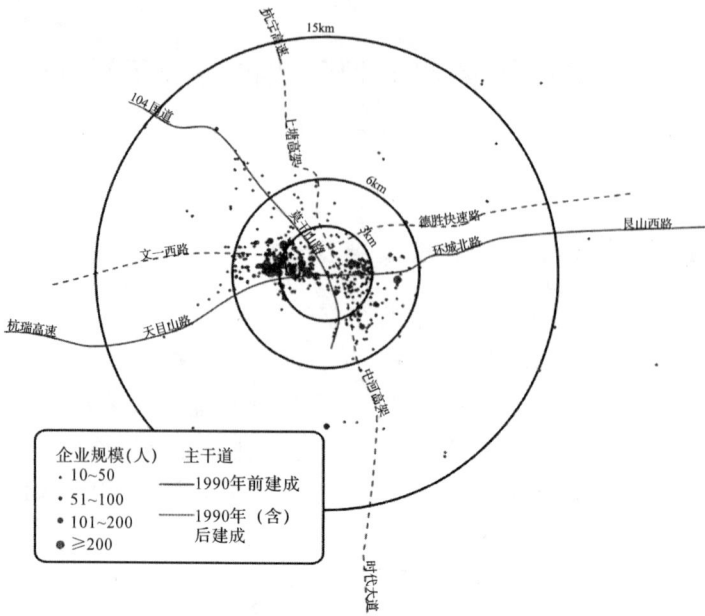

S_2 计算机应用服务业(61~62)

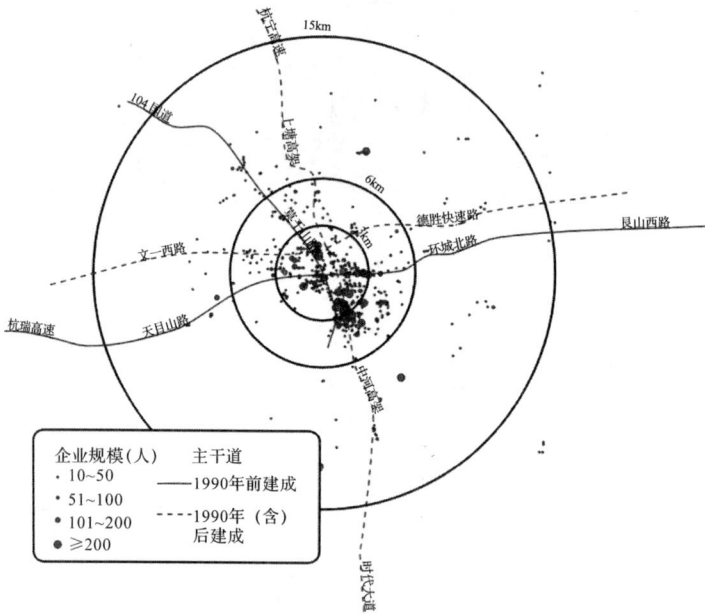

S_3 金融业(68~71)

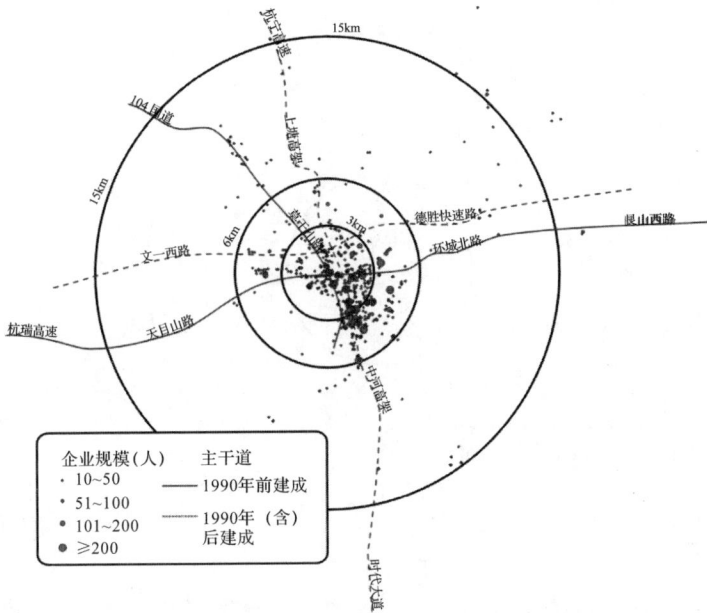

S₄ 房地产业（72）

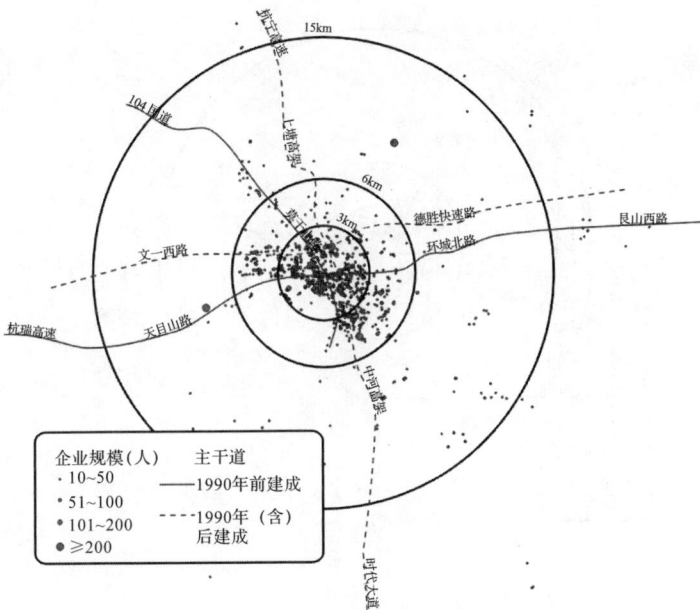

S₅ 商务服务业（74）

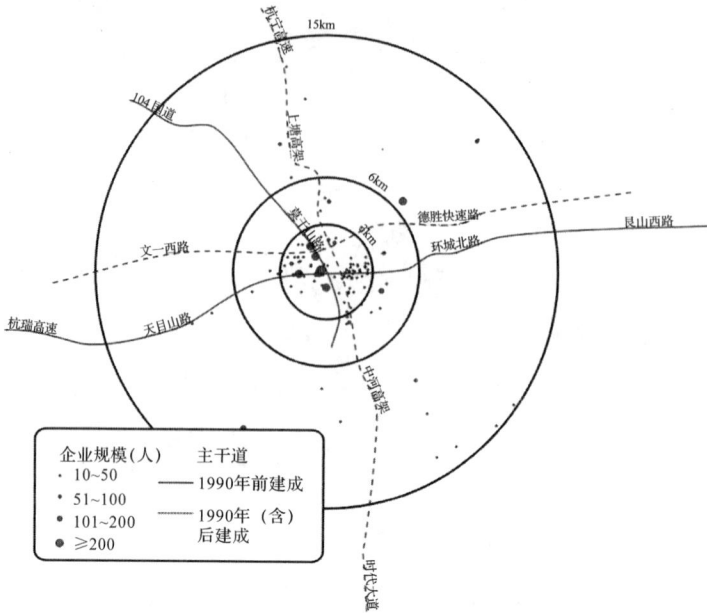

S_6 科学研究业(75)

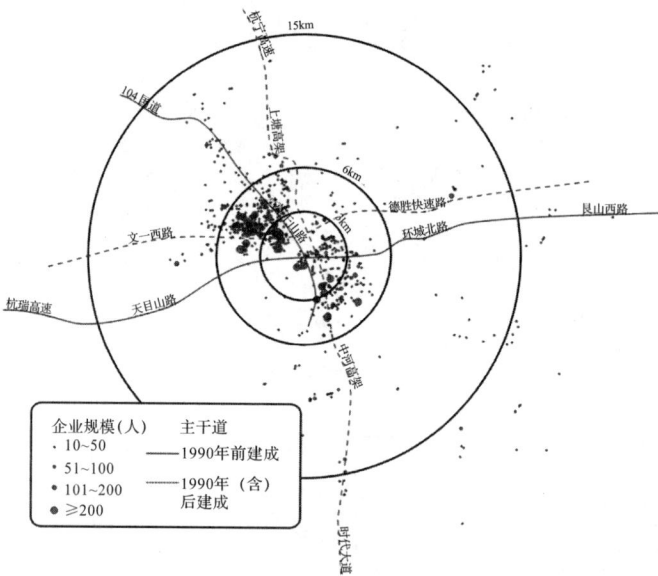

S_7 专业技术服务业(76)

图 5-2　2010 年杭州市生产性服务业企业地理分布

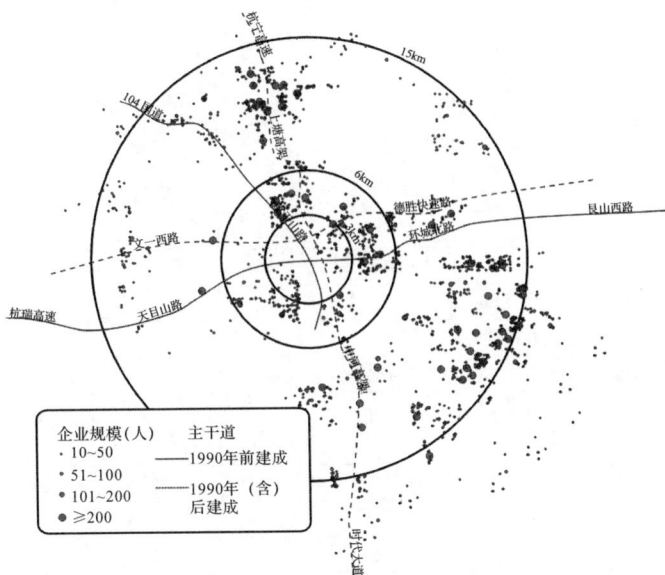

图 5-3　2010 年杭州市制造业企业地理分布

　　按圈层和行业划分的企业及就业分布情况如表 5-2 所示。可以看到商务服务业、科学研究业、金融业都非常明显地集中在核心圈层,其大多数的企业和就业人员都分布在这个范围内。其中,商务服务业特别显著,71%的企业及72%的就业人员都分布在核心圈层。并且大部分行业的企业密度和就业密度都在核心圈层最高,特别是计算机应用服务业(23.11,1345.43)、金融业(12.71,749.79)和商务服务业(32.29,683.71),但是房地产业和交通运输业是例外。其次,在 3~6km 的中间圈层,受两个城市次中心的影响,一些生产性服务业也呈现显著的集中,房地产业、交通运输业和专业技术服务业就有过半数的企业和就业都分布在该范围内。其中,交通运输业和房地产业的平均企业规模也在中间圈层达到最大值,且该范围的交通运输业平均企业规模(64.29)在所有圈层和所有细分行业中都是最大的,表明其大规模企业更多地集中在次中心地区。同时,交通运输业和房地产业的就业密度,以及房地产业的企业密度也在中间圈层达到最大值。再者,在 6~15km 的外围圈层,由于企业分布在一个较大的区域内,因此密度均较低,并且大部分是小企业。

表 5-2　生产性服务业细分行业及制造业在各个圈层的属性特征

行业	企业数量	企业数量比重	就业人数	就业人数比重	企业密度/（个/km²）	就业密度/（人/km²）	企业平均/规模人
0～3km 核心圈层							
S_1	128	0.25	5848	0.21	4.57	208.86	45.69
S_2	647	0.45	37672	0.67	23.11	1345.43	58.23
S_3	356	0.52	20994	0.61	12.71	749.79	58.97
S_4	152	0.21	2295	0.16	5.43	81.97	15.10
S_5	904	0.71	19144	0.72	32.29	683.71	21.18
S_6	97	0.70	1135	0.67	3.46	40.53	11.70
S_7	309	0.25	6144	0.27	11.04	219.43	19.88
生产性服务业合计	2593	0.43	93232	0.51	92.61	3329.72	35.96
S_0	199	0.08	37820	0.05	7.11	1350.71	190.05
3～6km 中间圈层							
S_1	289	0.56	18580	0.66	3.40	218.59	64.29
S_2	708	0.50	16934	0.30	8.33	199.22	23.92
S_3	204	0.30	9306	0.27	2.40	109.48	45.62
S_4	476	0.66	10424	0.73	5.60	122.64	21.90
S_5	239	0.19	5195	0.20	2.81	61.12	21.74
S_6	19	0.14	257	0.15	0.22	3.02	13.50
S_7	698	0.56	12843	0.57	8.21	151.10	18.40
生产性服务业合计	2633	0.44	73539	0.40	30.98	865.16	27.93
S_0	515	0.22	348390	0.44	6.06	4098.71	676.49
6～15km 外围圈层							
S_1	103	0.20	3554	0.13	0.17	6.02	34.50
S_2	68	0.05	1330	0.02	0.12	2.25	19.56
S_3	120	0.18	4233	0.12	0.20	7.17	35.28
S_4	93	0.13	1516	0.11	0.16	2.57	16.30
S_5	128	0.10	2081	0.08	0.22	3.53	16.26
S_6	22	0.16	312	0.18	0.04	0.53	14.20
S_7	238	0.19	3594	0.16	0.40	6.09	15.10
生产性服务业合计	772	0.13	16620	0.09	1.31	28.17	21.53
S_0	1673	0.70	407450	0.51	2.84	690.59	243.54

另外,笔者还计算了每个圈层细分行业的企业平均规模,整体生产性服务业企业的平均就业人数从核心圈层的 35.96 降低到外围圈层的 21.53。其中,下降最快的行业是计算机应用服务业,从 58.23 下降到了 19.56。除了科学研究业,其他行业的企业平均规模都是依距离递减的,而科学研究业最小的平均企业规模在核心圈层(11.70),最大的平均企业规模在外围圈层(14.20),因而可以猜测其企业规模和偏离市中心的距离具有正相关关系。然而,可能是异质的选择使得该行业最大的企业定位在这个大城市区域的相对边缘的北部地区,从而导致了该结果。

再来看生产性服务业与制造业的比较。在核心圈层,制造业企业的数量及就业人数不论是绝对数还是比重都远远小于生产性服务业及其细分行业,因而其在该圈层的密度也是较小的。考虑到制造业的企业规模通常都大于生产性服务业的企业规模,因而可以说在核心圈层,生产性服务业占据了主导。到了中间圈层,制造业的企业数量及比重仍然小于生产性服务业,但是其就业人数快速增长,使得就业人数比重、就业密度及企业平均规模都达到最大值,也就是说,大多数大规模的制造业企业分布在 3~6km 的范围中。而在外围圈层,存在大量小规模的制造业企业,因此其企业数量大、比重高,但其企业平均规模小于中间圈层的企业平均规模。

至此,通过比较生产性服务业各细分行业企业及制造业企业的分布特征,笔者直观地发现,生产性服务业企业规模与其区位[①]是正相关的,而制造业企业规模与其区位是近似负相关的。而这也符合前文所说的观点:制造业企业由于较低的地均产出,随着城市中心要素成本的上升及其规模的扩大会慢慢搬迁出去,同时生产性服务业会替代其在中心地区的位置。当然,这是从现象描述中得出的一个假设,下面笔者将用泊松回归及负二项回归这两个计数模型来检验。

5.4.2　基于距离的集聚分析

前文对于产业集中度及地理集中度的计算是对产业特征的简单描述,从中能够了解到三个圈层中的企业分布状况,但也仅限于三个圈层的空间尺度。当需要更准确地确认城市内部的产业集聚特性时,就要用到基于距离的集聚指标,如 Rpley's K 函数、L 函数、D 函数。本章需要探究企业规模与区位的

---

① 靠近市中心的地区是高区位,而远离市中心的地区是低区位。

关系,因此选择不受企业规模影响的 L 函数来进行分析,再对其以企业规模进行加权比较以实现本章的研究目的。

图 5-4 显示了生产性服务业 6 个细分行业及制造业企业的 Ripley's K 函数的未加权的线性转变值 $L(d)$。行业中的每个企业都是同等权重的。由于科学研究业的企业数量太小,我们无法计算该行业的 $L(d)$ 值。此外,图中没有显示上、下包络线,因为在所有考虑的距离下,每个细分行业都是显著集聚的。图 5-5 显示了以企业就业人数加权的 $L(d)$ 值,在 0～20km 范围内的各个距离下仍然显著集聚。同时,我们看到两个图形是相似,但是生产性服务业加权后的 $L(d)$ 值较高,而制造业加权后的 $L(d)$ 值较低(见表 5-3)。也就是说,相比小规模生产性服务企业来说,大规模生产性服务企业具有集聚偏好,而制造业中小规模企业具有集聚偏好。

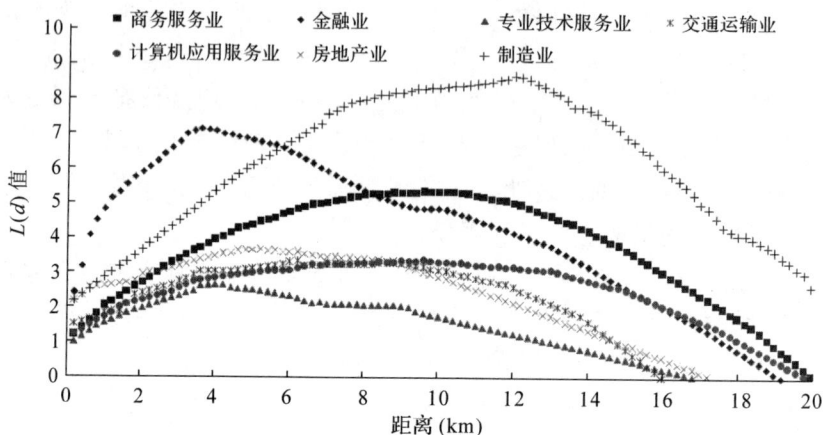

图 5-4 生产性服务业细分行业及制造业企业的 Ripley's K 函数的线性转变值 $L(d)$(未加权)

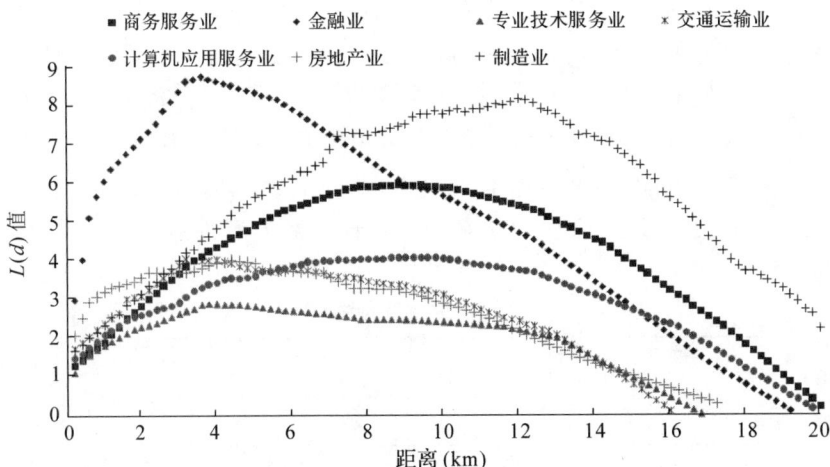

图5-5 生产性服务业细分行业及制造业企业的 $L(d)$ 函数值（以企业就业人数加权）

　　更进一步地，笔者发现集聚的程度在生产性服务业细分行业之间存在显著差异。据此，可将这些行业分为两类：一类是集聚峰值发生在 5km 范围内的行业，如金融业、房地产业和专业技术服务业；另一类是集聚峰值发生在 5km 以外的行业，如交通运输业、计算机应用服务业、商务服务业。其中金融业和商务服务业是集聚程度最高的。特别是金融业，其未加权的 $L(d)$ 峰值为 7.2，发生在 3.6km 的空间尺度下，且当空间尺度增加到 8.0km 时，仍然比其他行业显得更集聚，但是超过这个距离，该行业的集聚程度就快速下降了。而商务服务业虽然拥有次高的 $L(d)$ 峰值（5.39），但是峰值发生的空间尺度增加到了 10.4km。这里有两种解释：其一，根据克里斯塔勒的中心地理论[①]，服务范围越大的行业（如金融业）的企业分布会越中心化，而服务范围较小的行业（如商务服务业）会在城市内部形成多个中心地来覆盖整个城市市场。因此，前者会在城市核心圈层（即较小的空间尺度下）就达到集聚的峰值，而后者则要在较大的空间尺度下才能实现集聚峰值。其二，面对面接触需求度的差异也是导致分化的一个原因。如果该行业非常依赖面对面接触带来的外部性效应（如房地产业、专业技术服务业），其就会在较小的空间尺度下达到集聚峰

---

　　① 中心地理论认为，中心地提供的每一种货物和服务都有其可变的服务范围。范围的上限是消费者愿意去一个中心地得到货物或服务的最远距离，超过这一距离他便可能去另一个较近的中心地。因此根据该理论，服务半径越长的行业的企业分布会越中心化，而服务半径较短的行业会在城市内部形成多个中心地来覆盖整个城市的市场。

值;反之,那些通过电子通信手段进行信息交换的行业(如计算机应用服务业),其集聚峰值就会产生得较晚。这也在一定程度上证实了 Gong 和 Wheeler(2002)关于专业化技术工人独立于外部性的结论。与此同时,制造业的集聚峰值发生在 5km 以外,这就说明了在城市内部,生产性服务业与制造业在空间上的协调是可能的,并且既有互补效应,也有挤出效应:制造业与第一类生产性服务业之间是互补性的协调,而与第二类生产性服务业之间是挤出性的。

表 5-3　各行业 $L(d)$ 峰值及对应的空间尺度 (d)

行业	未加权 $L(d)$		加权 $L(d)$	
	$L(d)$	d/km	$L(d)$	d/km
S_1	3.27	9.2	3.84	6.0
S_2	3.39	9.6	4.07	9.4
S_3	7.2	3.6	8.82	3.6
S_4	3.70	4.8	3.99	4.6
S_5	5.39	10.4	5.99	8.8
S_7	2.68	4.2	2.90	3.8
S_0	8.72	12	7.96	10.4

5.5　企业规模与偏离市中心距离的负二项式回归分析

表 5-4 显示了企业规模与偏离市中心距离之间关系强度的估计结果。超分布附属参数检验拒绝了附属参数 $\alpha=0$ 的原假设,表明负二项回归模型比泊松回归模型更加合适。所有行业的泊松回归估计在统计上是显著的,负二项回归中仅交通运输业的估计结果显示其企业规模与偏离市中心距离不存在相关关系。而在房地产业、金融业、商务服务业、计算机应用服务业和专业技术服务业这些行业中,企业规模与偏离市中心距离之间是显著的负相关关系。按照绝对系数的大小,行业的排序是:金融业、计算机应用服务业、房地产业、专业技术服务业及商务服务业。科学研究业是唯一有显著正回归系数的行业,即该行业的企业规模随着偏离市中心距离的增大而扩大。然而,当排除最大规模企业再次回归时,这个结果不再成立。[①]

---

① 　该企业的规模是第二大规模企业的四倍,定位在距离市中心东北部 15km 的地方。

　　而制造业企业规模与偏离市中心距离是正相关关系,即规模越大的企业越远离市中心。这就说明了在城市内部,生产性服务业与制造业也能够在空间上协调。虽然前文提到过各个生产性服务业细分行业与制造业在城市内部的空间关系是互补效应和挤出效应并存的,但这并不等于不协调,笔者认为不论是哪种效应,只要有利于两者的互动,都是空间上的协调。下面将通过 M 函数来具体衡量城市范围内,生产性服务业与制造业的空间协调程度。

表 5-4　企业规模与偏离市中心距离的回归结果

行业	截距	回归系数		附属参数	似然值	卡方
		泊松	负二项			
S_1	3.940	−0.021* (0.000)	−0.018(0.401)	1.699(0.000)	−749.368	15918.420(0.000)
S_2	3.733	−0.073* (0.000)	−0.062* (0.000)	0.845(0.000)	−1589.119	9327.895(0.000)
S_3	3.146	−0.080* (0.000)	−0.070* (0.000)	0.676(0.000)	−1810.772	8039.457(0.000)
S_4	3.201	−0.028* (0.000)	−0.031** (0.028)	0.752(0.000)	−682.284	2717.939(0.000)
S_5	3.081	−0.015* (0.000)	−0.015** (0.037)	0.625(0.000)	−2089.329	6671.101(0.000)
S_6	2.174	0.082* (0.000)	0.078* (0.003)	0.896(0.000)	−203.291	1359.052(0.000)
S_7	2.774	−0.024* (0.000)	−0.020** (0.024)	0.753(0.000)	−1568.208	7208.264(0.000)
S_0	3.15	0.046* (0.000)	0.042* (0.000)	0.892(0.000)	1241.767	7320.304(0.000)

　　注:* 表示 1% 的置信水平;** 表示 5% 的置信水平;*** 表示 10% 的置信水平。

　　表 5-5 显示了上文计算的衡量企业区位的不同参数之间的相关关系。观察对象是除了科学研究业[企业数量太小而无法计算 $L(d)$ 值]以外的所有企业。核心圈层的就业人数比重与企业数量比重是高度正相关的,相关系数为 0.93。加权与未加权的集聚峰值也是高度正相关的,并且两者都与核心圈层就业人数比重及企业数量比重显著正相关。这些相关关系表明了在核心圈层,生产性服务业的集中程度与基于距离衡量的集聚程度是高度正相关的。另外,负二项回归系数与核心圈层的就业人数比重是高度负相关的,且与加权的 $L(d)$ 值也有显著负相关关系,但是与未加权的 $L(d)$ 值没有显著相关关系。也就是说,行业在核心圈层的集中和集聚使得企业规模随着偏离市中心距离的增加而快速下降(如金融业),但对于集聚程度相对较弱的行业(如专业技术服务业),集聚与企业规模对偏离市中心距离敏感度之间不存在相关关系。

表 5-5　集中、集聚及企业规模对偏离市中心距离敏感度的相关关系

	核心圈层企业数量比重(X_1)	核心圈层就业人数比重(X_2)	负二项(X_3)	未加权 Ripley 峰值(X_4)
核心圈层企业数量比重(X_1)				
核心圈层就业人数比重(X_2)	0.9300(0.0072)			
负二项(X_3)	−0.2082(0.0923)	−0.4656(0.0520)		
未加权的 $L(d)$ 峰值(X_4)	0.6873(0.0314)	0.5900(0.0182)	−0.4877(0.3265)	
加权 $L(d)$ 峰值(X_5)	0.6595(0.0542)	0.5941(0.0137)	−0.5591(0.0487)	0.9934(0.0001)

5.6　本章小结

城市空间结构理论强调了城市中心的集聚经济体的可达性及生产率优势的重要性。随着近十年来运输成本的显著下降,制造业企业,特别是为国内或国际市场生产标准化产品的企业,大部分扩散到了城市郊区和中小城市。相反,生产性服务业仍然坚持在城市中心地区以最小化员工的通勤成本,从而实现规模经济并获得能够提高生产率的外部性,它们服务于同样位于城市中心却控制着城郊地区生产机构的企业总部。本章对杭州市生产性服务业的 7 个细分行业的企业规模和区位关系进行研究,分析了分布在市中心及城郊地区的企业集中程度,比较了各行业企业的集聚现状,建立了分析企业规模与偏离市中心距离之间关系的模型,得出如下结论:

结论 1:生产性服务业在杭州市不是随机分布的。本章的研究结果对"生产性服务业的就业集中、生产率提高与面对面交流存在关联"这一观点(Lucas,2001;Lucas et al. ,2002;Davis et al. ,2004;Duranton et al. ,2005),提供了细分行业的实证证据。大部分行业的产业集中程度在核心圈层最高(金融业、商务服务业、计算机应用服务业、专业技术服务业、科学研究业),仅房地产业和交通运输业在中间圈层最高。这证实了规模经济在生产性服务业企业区位选择时的作用,企业分布在市中心地区可以吸引城市中各个方向的高端人才,最小化员工通勤成本并快速覆盖整个城市市场,因而是大部分企业的选

择。在进行集中程度分析时,我们还发现除了科学研究业以外,其他细分行业的平均企业规模都是从核心圈层往外围圈层递减的,直观地说明了生产性服务业的企业规模与偏离市中心距离是负相关的。

结论 2:对基于距离的行业集聚程度分析表明,杭州生产性服务业所有细分行业的企业是显著集聚的,但是集聚特征在不同行业之间存在明显差异。集聚程度最高的金融业及次高的商务服务业,其集聚峰值发生的空间尺度相差悬殊,表明了行业的服务半径及其对外部性效应的依赖对行业的集聚特征有显著影响。行业服务半径较长(如金融业)或高度依赖外部性(如房地产业、专业技术服务业),就会在较小的空间尺度下就达到集聚的峰值;反之,对面对面信息交流依赖程度较低的行业,或服务半径较短(如商务服务业),或对外部性没有强烈的依赖(如计算机应用服务业),因而会在较大的空间尺度下才达到集聚峰值。而正是这种细分行业间的差异,决定了在城市内部,制造业与生产性服务业之间存在着互补性和挤出性两种协调方式。

结论 3:在行业集聚特征分析的过程中还发现,对基于距离的集聚指标 $L(d)$ 值以每个企业的就业人数加权会增大各个细分行业的集聚程度。这一结论被负二项回归结果再次证实,表明生产性服务业大规模企业的集聚程度超过小规模企业,而这在制造业中却是相反的。这就意味着劳动力的空间分化影响了生产性服务业和制造业的分布格局:市中心的具有规模经济和范围经济的生产性服务业企业生产更高端及个性化的服务;郊区的小企业则为周边的商业及居民提供标准化的服务产品;而小规模制造业企业定位在中心地区来运输标准化产品,大规模的制造业生产则在城郊地区进行。

结论 4:对集中程度、集聚程度、企业规模对偏离市中心距离敏感度的相关关系进一步分析后,我们发现,在核心圈层,生产性服务业的集中程度与基于距离衡量的集聚程度是高度正相关的,且行业在核心圈层的集中和集聚使得企业规模随着偏离市中心距离的增加而快速下降(如金融业),但对于集聚程度相对较弱的行业(如专业技术服务业),集聚与企业规模对偏离市中心距离敏感度之间不存在相关关系。

第6章 生产性服务业与制造业的空间协调性评价
——基于都市圈和都市两个层面

6.1 引 言

协调发展的动力来源于在广域的空间内生产性服务业集聚和制造业集聚共存所产生的互补效应(陈建军等,2009)。但是,这种互补性存在的前提条件是在一个广域的空间范围内。以往的经验研究所依赖的样本也是以省份为基准的,本身在空间选择上是一个广域的范畴。然而对于空间相对有限的单个城市而言,生产性服务业集聚与制造业集聚的挤出效应很可能大于互补效应。

既然生产性服务业集聚和制造业集聚因空间尺度的差异而表现出不相容的互补效应和挤出效应,那么是否存在一种空间尺度使得互补效应和挤出效应产生的净效应最大? 在相对较小的空间内,挤出效应是大于互补效应的,随着空间范围的逐步扩大,互补效应逐渐替代挤出效应,表现出递增趋势;但是空间范围过大时,两个效应都逐渐消失。因此,我们所需要的最优空间尺度应该达到最大的互补效应和最小的挤出效应,而纯粹按照目前省、市、县的行政架构不足以找到理想的空间尺度。因为互补效应的本质是生产性服务业与各个制造业的互动过程,一般的行政单元虽然有各自的比较优势产业,但是难以具备一个完整的产业体系,因此,需要突破原有的行政概念,进行跨区域合作。而将若干个城市打造成城市集聚区,就能够消除挤出效应对互补效应的冲击。当然,城市集聚区中的成员并不是随机组合的。作为城市集聚区的组织形式之一的大都市圈①的构建是相对有益的尝试。比如,在东、中、西部地区,考虑形成若干个区域都市化地区,如东部的长三角地区、珠三角地区和环渤海地区,中部的大武汉地区、长株潭地区,西部的成渝地区、西安—关中—天水地区等。这实际上是扩大了城市规模,为实现净效应的最大化提供更广泛的空间,而且空间结构调整是在推进区域都市化的同时,实现若干个城市在制度上的统一,包括产业规划的统一、政府行为的统一及利益分配上的统一,从理论上来讲这也是完全可行的。

因此,从都市圈的角度来评价生产性服务业与制造业的协调程度才有意义。本章将长三角 16 个城市区分为市辖区和城郊,共 32 个地区,来评价都市圈的整体协调性和单个空间单元的局域协调性。

6.2　生产性服务业与制造业空间协调性的评价方法

在生产性服务业与制造业空间协调性的评价方法上,目前的研究仍较为薄弱,但是在经济学及地理学领域不乏能够评价两个属性空间协调性的方法,因此有必要将本章所采用的评价方法及改进先行阐述。

6.2.1　M 函数

自 19 世纪 Marshall 开始关注产业集聚现象以来,发展了多种衡量产业地理集中度的方法,如传统的图解法有集中曲线,数值法则有熵指数、Isard 指数、Herfindahl 指数、区位 Gini 系数、E-G 指数、M-S 指数等。但这些测度方法只能衡量单一尺度地理单元(省级、地区级、国家级等)经济活动的空间分布情况。要详细描述经济活动的地理分布,需要同时反映其在不同尺度地理单元上的分布特征,而不是受制于人为或已有行政单元的划分。而新出现的基于距离的多空间尺度方法,如 Ripley's K 函数、L 函数、D 函数、M 函数,解决了这一问题。其中,M 函数是目前最新的基于距离的产业地理集中度测度方法,除了具备 Ripley's K 函数、L 函数、D 函数的优点外,M 函数考虑了企业

---

① 在此对都市圈的概念和范围做一个界定,所谓的都市圈指的是以一个大城市为中心,若干个在文化、经济等方面存在密切联系的中小城市为辅助的一个经济体。都市圈更多的是一种经济意义而非政治意义。

规模并消除了边界效应[①],最重要的是它将全部行业作为比较基准,使得不同行业的 M 值具有可比性,因而 M 函数能够反映两个产业空间分布的一致程度。基本的 M 函数为

$$M(r,S) = \frac{\sum_{i=1}^{N_s} \frac{e_{iSr}}{e_{ir}}}{N_S} \Big/ \frac{E_S}{E} \tag{6-1}$$

其中:e_{iSr} 为以 S 行业的 i 企业为中心,半径 r 范围内 S 行业的就业人数;e_{ir} 为以 S 行业的 i 企业为中心,r 半径内属于全部行业的邻居的就业人数;N_S 为目标区域内 S 行业的全部企业数;E_S 为目标区域内 S 行业的全部就业人数;E 为目标区域内全部行业的全部就业人数。

反映两个产业(S_m、S_n)间的空间临近分布情况的 M 函数为

$$M(r,S_m,S_n) = \frac{\sum_{i=1}^{N_s} \frac{e_{iS_nr}}{e_{ir}}}{N_{S_m}} \Big/ \frac{E_{S_m}}{E} \tag{6-2}$$

其中,e_{iS_nr} 为以 S_m 行业的 i 企业为中心,半径 r 范围内 S_n 行业的就业人数。分子的含义是以 S_m 行业每个企业为中心,半径 r 范围内 S_n 行业的就业人数与全部行业就业人数之比的平均值;分母是目标区域内 S_m 行业的就业人数与全部行业就业人数的比值。随机分布条件下,$M=1$;$M>1$ 表示半径 r 范围内 S_m 行业与 S_n 行业的空间分布是集中的,M 越大,集中程度越高;$M<1$ 说明半径 r 范围内 S_m 行业与 S_n 行业的空间分布是分散的。其意义是半径 r 范围内 S_m 行业与 S_n 行业空间分布特征的一致程度,但由于行业的空间临近分布与所选的中心行业有关,所以 $M(r,S_m,S_n)$ 的结果会不同于 $M(r,S_n,S_m)$ 的结果。只有当两者的值都较大时,即 S_m 附近的 S_n 企业较多,S_n 附近 S_m 的企业也较多时,才能证明两个行业空间临近分布具有较强的一致性。

6.2.2 Moran's I 指数

随着信息技术的发展,经济活动空间相关性的统计分析逐步受到应有的关注。大部分研究关注单个指标的空间关联性,也就是目标区域数据在属性

---

① 对于产业地理集中度测度方法的研究不是本章的重点。具体的比较分析可参考 Marcon et al.(2003)、Maurel et al.(1999)、詹立宇(2001)、刘春霞(2006)的研究。

值相似的同时,是否也存在着相近的空间区位(Anselin,2001)。而在这之中,又有全局空间自相关指标和局域空间自相关指标之分。前者衡量的是整体的空间自相关模式,但不能反映各地区的空间依赖情况,因而就出现了后者,为分析各地区的情况提供了信息。最常用的是全局 Moran's I 指数(Moran,1950)和局域 Moran's I 指数(Anselin,1995)。

Moran 采用点阵数据测度空间依赖性,提出了全局空间自相关指数 Moran's I 指数,其主要用于验证整个研究区域某一要素的空间模式,其取值范围为-1~1。正值越接近 1,表示该空间事物的属性取值高高集聚或低低集聚;负值接近-1,表示高低相依,呈现分散格局;零值表示不存在空间相关性,即空间随机分布。在此基础上,Anselin(1995)提出了局域空间自相关指数 LISA(即局域 Moran's I 指数),用于分析整个大区域中,局部小区域单元上的某种现象或属性值与相邻局部小区域单元上同一现象或属性值的相关程度。全局 Moran's I 指数的定义是

$$I = \frac{n}{S_0} \frac{\sum_i \sum_j w_{ij}(x_i - \overline{x})(x_j - \overline{x})}{\sum_i (x_i - \overline{x})^2} \tag{6-3}$$

局域 Moran's I 指数的定义是

$$I_i = \left[\frac{(x_i - \overline{x})}{\sigma_x}\right] \sum_j w_{ij} \left[\frac{(x_j - \overline{x})}{\sigma_x}\right] \tag{6-4}$$

其中,n 是空间单元总数;x_i,x_j 为目标变量 x 在地区 i 和 j 的观测值;$\overline{x}$ 是变量 x 的平均值;σ_x 是 x 的方差;w_{ij} 是空间权重矩阵 **W** 的一个元素;S_0 是 **W** 所有元素的加总。

由 I 和 I_i 的公式可知,局域 Moran's I 指数由全局 Moran's I 指数发展而来,本质上是将 Moran's I 指数分解到各个区域单元,它们之间存在倍数关系:$I = r\sum_{i=1}^{n} I_i$。由于 Moran's I 近似服从正态分布(张学良,2007),所以一般采用 z 值对其进行统计检验:

$$z(I) = \frac{I - E(I)}{\sqrt{\mathrm{var}(I)}}, z(I_i) = \frac{I_i - E(I_i)}{\sqrt{\mathrm{var}(I_i)}} \tag{6-5}$$

然而,Moran's I 指数仅提供了单个指标的空间关联性,因而被称为空间自相关性指标。若需要探究两个属性的空间互关联性则这种方法存在不足,因此笔者对其进行了调整,以探究两个连续属性的空间互关联性。以下标 i 和 j 表示地区,以 x 和 y 表示两个属性值,构造如下全局空间互关联指标和局

域空间互关联指标：

$$I = \frac{n}{S_0} \frac{\sum\limits_{i,j} w_{ij}(x_i - \overline{x})(y_j - \overline{x})}{\sum\limits_{i}(x_i - \overline{x})^2} \quad (6\text{-}6)$$

$$I_i = \left[\frac{(x_i - \overline{x})}{\sigma_x}\right] \sum\limits_{j} w_{ij} \left[\frac{(y_j - \overline{x})}{\sigma_x}\right] \quad (6\text{-}7)$$

6.2.3　小结

由此,我们确定了两种评价生产性服务业与制造业空间协调性的指标,M 函数及改进的 Moran's I 指数。虽然它们都能在一定程度上评价空间上的协调性,但是应用范围却存在很大差异。M 函数评价的是一定区域内(半径为 r 的范围内)两个产业的空间分布的一致性,因而适合用于一个都市或地区内部;而 Moran's I 指数评价的是一个大区域内各个地区的属性关系,调整后的 Moran's I 指数针对的也是地区间不同属性间的关系,因而适合用于都市圈内部。

6.3　都市圈空间维度下的评价

由上述分析可知,当生产性服务业集聚与制造业集聚在空间上相邻或相近时,才能够最大限度地发挥两者的互动过程,达到空间协调的效果,因而可以采用空间相关性评价指标来衡量都市圈范围内的生产性服务业与制造业空间的协调性。根据 6.2.2 节给出的空间协调性评价方法[(公式(6-6)],笔者确定了如下具体评价公式。

全局空间相关性：

$$I_{pm} = \frac{n}{S_0} \frac{\sum\limits_{i,j} w_{ij}(p_i - \overline{p})(m_j - \overline{p})}{\sum\limits_{i}(p_i - \overline{p})^2} \quad (6\text{-}8)$$

$$I_{mp} = \frac{n}{S_0} \frac{\sum\limits_{i,j} w_{ij}(m_i - \overline{m})(p_j - \overline{m})}{\sum\limits_{i}(m_i - \overline{m})^2} \quad (6\text{-}9)$$

I_{pm} 表示以生产性服务业区位为目标观测值度量的整体空间相关性,I_{mp} 表示以制造业区位为目标观测值度量的整体空间相关性。

局域空间相关性：

$$I_{ipm} = \left[\frac{(p_i - \overline{p})}{\sigma_p} \right] \sum_j w_{ij} \left[\frac{(m_j - \overline{p})}{\sigma_p} \right] \tag{6-10}$$

$$I_{imp} = \left[\frac{(m_i - \overline{m})}{\sigma_m} \right] \sum_j w_{ij} \left[\frac{(p_j - \overline{m})}{\sigma_m} \right] \tag{6-11}$$

I_{ipm} 表示目标空间单元 i 的生产性服务业区位与邻近地区制造业区位的空间相关性，I_{imp} 表示目标空间单元 i 的制造业区位与邻近地区生产性服务业区位的空间相关性。

6.3.1 全局空间协调性

以各地单位就业人数比重来表示产业区位，根据上述公式分别计算生产性服务业及其细分行业区位与制造业区位的全局（见表 6-1）及局域空间相关性。从中我们可以看出，生产性服务业区位与制造业区位的空间关系并不对称，并且细分行业间也存在差异。可以肯定两者之间存在正相关关系，即同属性值相邻。在都市圈范围内，生产性服务业区位高（低）的地区与制造业区位高（低）的地区邻近。这也证实了陈建军等（2009）提出的二、三产业协调发展的动力来源于在广域的空间内服务业集聚和制造业集聚共存所产生的互补效应的观点。但是生产性服务业区位与制造业区位的互补效应并不对称。一个地区提高生产性服务业区位对邻近地区制造业区位的提升作用大于该地区提高制造业区位带来的邻近地区生产性服务业区位的改善；而一个地区生产性服务业区位的衰退对邻近地区制造业区位的负作用，大于该地区制造业区位衰退带来的邻近地区生产性服务业区位的恶化。

表 6-1　长三角地区生产性服务业细分行业区位与制造业区位的全局空间相关性

全局空间相关性变量		I_{pm}	I_{mp}
生产性服务业与制造业		1.536	0.121
各个细分行业与制造业	交通运输业（S_1）与制造业	351.170	−0.005
	计算机应用服务业（S_2）与制造业	6.918	−0.005
	金融业（S_3）与制造业	−0.373	−0.037
	房地产业（S_4）与制造业	154.440	−0.004
	商务服务业（S_5）与制造业	19.340	−0.001
	科学研究业和专业技术服务业与（S_6 和 S_7）制造业	17.423	−0.002

但是细分来看,生产性服务业各个细分行业的区位与制造业区位的空间关系也存在很大差异。以生产性服务业区位为目标观测值时,交通运输业及房地产业与制造业的空间关系表现出很强的正相关性,集聚区与集聚区相邻或者非集聚区与非集聚区相邻,即在城市之间具有高度的协调性;而金融业与制造业的空间关系却呈现不协调的结果,笔者认为这与金融业在城市中心地区集聚有关[①],辐射范围很难跨越城市界限,进而与相邻地区的制造业互动较弱,它与制造业的空间协调性应该从城市内部的视角出发进行评价。但当目标观测值为制造业区位时,得到的全局空间关系均是负相关的,这表明从都市圈大范围来看,制造业对生产性服务业是挤出性的,至少是不具有互补性的。这就为产业倾向性政策的制定提供了一定的参考。

6.3.2 局域空间协调性

正如前文所述,当视角缩小时,生产性服务业区位与制造业区位的挤出效应会逐渐体现,在一个地区某一产业的集聚会挤出另一产业。更进一步地说,笔者发现,改变目标观测值后得到的局域空间相关性是截然相反的:以生产性服务业为目标观测值时,体现正相关空间关系的地区主要是地级市的市辖区,如上海市辖区、南京市辖区、无锡市辖区、常州市辖区、南通市辖区、镇江市辖区、泰州市辖区、杭州市辖区、宁波市辖区、嘉兴市辖区、湖州市辖区、舟山市辖区、台州市辖区;而以制造业为观测值时,体现正相关空间关系的地区主要是地级市的城郊地区,如上海城郊、南京城郊、扬州城郊、泰州城郊、宁波城郊、舟山城郊、台州城郊。

由于正相关关系有两种可能,一种是生产性服务业集聚与制造业集聚地区相邻近,另一种则是两个产业区位较低的地区相邻近。为了进一步分析这种现象的内在机理,需要引入 Moran 散点图。标准化的经济变量与空间滞后的经济变量的 Moran 散点图[②]表达了某一地区与其周围地区四种类型的局域空间联系,即高高(HH,第一象限)、高低(HL,第二象限)、低高(LH,第三象限)和低低(LL,第四象限)。HH 表示区域自身和周边地区的观测值均较高,两者的空间差异小;HL 和 LH 的含义相反,表示区域自身目标观测值较高(较低),

---

① 详细论述见第 7 章。

② 该图的横轴对应属性变量 X,纵轴对应空间滞后向量 Wx,空间滞后向量是指该观测值周围邻居的加权平均。

而周边地区较低(较高),两者的空间差异较大;LL 表示区域自身和周边地区的观测值均较低,两者的空间差异也较小。也就是说,HH 和 LL 表明区域具有集聚性和相似性,HL 和 LH 则表示区域具有分散性和异质性。

从图 6-1 可以看出,以生产性服务业为目标观测值时,显示正相关空间关系的地区(即大部分市辖区地区)都分布在第一象限;而以制造业为目标观测值时,显示正相关空间关系的地区(即大部分城郊地区)都分布在第四象限。因此,可以说 I_{ipm} 的正相关是由高值相邻引起的,而 I_{imp} 的正相关是由低值相邻引起的。也就是说,一个地区生产性服务业发展,会带动邻近地区的制造业区位的提升;而当地的制造业集聚不显著,也会影响邻近地区的生产性服务业发展。并且,在这个现象中,还掺杂着城市规模的因素。这是由于城市发展的先后顺序导致了市辖区的生产性服务业区位和制造业区位会普遍高于城郊地区,因而市辖区生产性服务业的集聚会推动相邻地区制造业的集聚,而城郊地区相对薄弱的制造业就无法为生产性服务业集聚提供基础。这就进一步证实了第 5 章关于城市规模对协同定位效应影响的结论。[①]

由上文可知,生产性服务业细分行业区位与制造业区位的全局空间相关性存在差异,因此笔者进一步计算了各个细分行业区位与制造业区位的局域空间相关性,发现大致分为两类:一类是以科学研究业和专业技术服务业为代表的依赖面对面接触的外部性的行业,另一类是以计算机应用服务业为代表的通过远程通信技术进行信息传递的行业。前者与制造业的局域空间相关性大多是负相关的,而后者与制造业的局域空间相关性大多是正相关的。这是可以理解的,因为依赖面对面接触的行业,无法跨越城市范围与相邻地区的制造业产生互动,而依赖远程通信技术的行业则不受限制,可以与相邻地区的制造业频繁地互动。

---

① 这里所说的城郊地区是包含该地级市下属的县级市及县城地区,因此可以将城市中心地区及城郊地区理解为不同规模的城市。

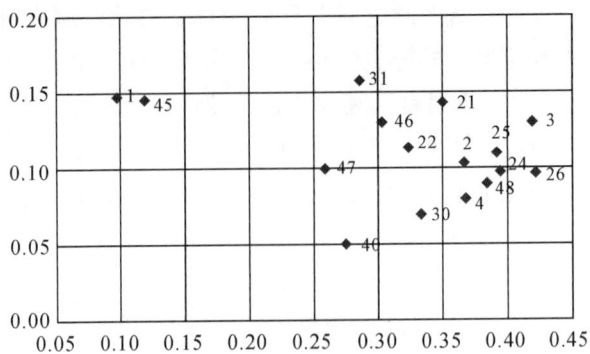

(a) 生产性服务业

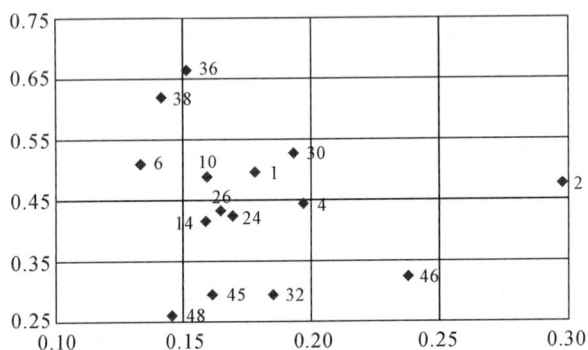

(b) 制造业

图 6-1　长三角地区生产性服务业与制造业 Moran 散点图

注：①横轴表示本地生产性服务业（制造业）区位；纵轴是空间滞后向量，表示与本地相邻地区的制造业（生产性服务业）区位的加权平均。

②图中数字表示的地区如下表所示。

1	上海城郊	11	苏州城郊	25	泰州城郊	37	湖州城郊
2	上海市辖区	12	苏州市辖区	26	泰州市辖区	38	湖州市辖区
3	南京城郊	13	南通城郊	29	杭州城郊	39	绍兴城郊
4	南京市辖区	14	南通市辖区	30	杭州市辖区	40	绍兴市辖区
5	无锡城郊	21	扬州城郊	31	宁波城郊	45	舟山城郊
6	无锡市辖区	22	扬州市辖区	32	宁波市辖区	46	舟山市辖区
9	常州城郊	23	镇江城郊	35	嘉兴城郊	47	台州城郊
10	常州市辖区	24	镇江市辖区	36	嘉兴市辖区	48	台州市辖区

6.4 都市空间维度下的评价

这里采用 6.2.1 节所说的 M 函数来评价,公式如下:

$$M(r, S_m, S_n) = \frac{\sum_{i=1}^{N_{S_n}} \dfrac{e_{iS_n r}}{e_{ir}}}{N_{S_m}} \bigg/ \frac{E_{S_m}}{E} \tag{6-12}$$

在公式(6-12)中,$e_{iS_n r}$ 和 e_{ir} 是该行业就业人数的绝对数。笔者对其进行了改进,以某半径范围内某行业的就业人数与同一范围内所有行业就业人数的比值来表示,这在一定程度上可以消除边界附近邻居个数被低估而产生的对运算结果的影响,即边界效应。

运用公式(6-12),计算了杭州市 6 组生产性服务业[①]与制造业在 0~20km 内的空间临近分布的集中度。有些行业空间临近分布的一致性较强,属于互补性较强的空间关系,如 S_5 商务服务业和 S_0 制造业。由图 6-2(a)可知,以 S_5 为中心计算的结果和以 S_0 为中心计算的结果变化趋势相似,均大于 1。两者在 1km 处分别达到最大值 2.7075 和 2.6852,说明 1km 内,S_5 附近 S_0 分布的相对密度是其在整个杭州市分布水平的 2.7075 倍,S_5 在 S_0 附近的相对密度达到了其在全市分布水平的 2.6852 倍。因此两个行业空间临近分布的集中度很高。$M(r, S_5, S_0)$ 在 1.2125~2.7075 变动,$M(r, S_0, S_5)$ 在 1.0982~2.6852 变动,随着距离的增大,基本呈递减的趋势。虽然有些行业间的投入产出关系比较密切,但空间上却呈分散分布状态,如 S_3 金融业和 S_0 制造业[(见图 6-2(b)]。以 S_3 和 S_0 为中心的计算结果均小于 1,随距离的增加具有相似的变化趋势。$M(r, S_3, S_0)$ 在 0.7677~0.5900 变动,$M(r, S_0, S_3)$ 在 0.8687~0.3751 变动,分别在 1km 处达到最小值,说明 1km 的范围内,S_3 附近 S_0 的相对密度是全市的 59.00% 倍,S_0 附近 S_3 的相对密度仅为全市的 37.51% 倍,呈现明显的分散分布。

---

① 由于 S_6 科学研究业企业数量太少,无法计算 M 值。

(a) S_5和S_0行业组

(b) S_3和S_0行业组

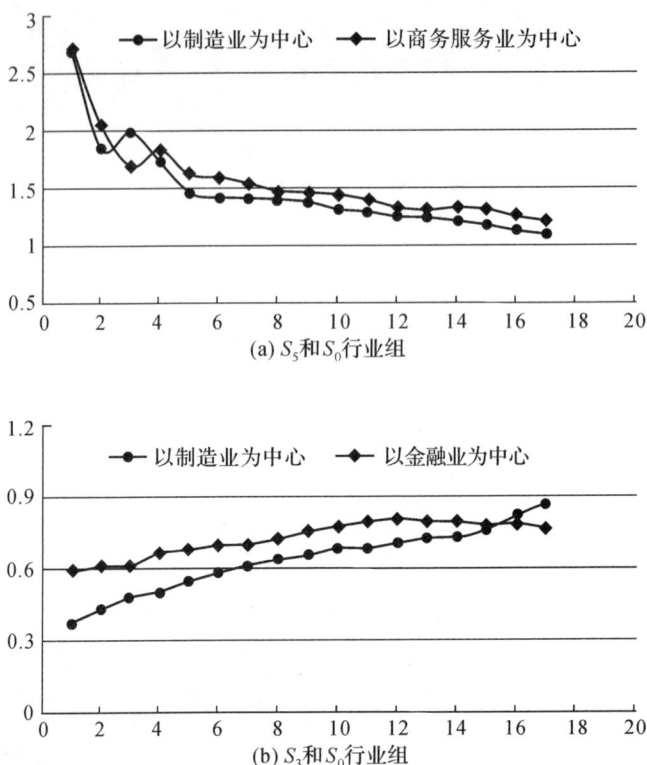

图 6-2　2010年杭州市生产性服务业细分行业(S_5、S_3)与制造业间空间临近分布的 M 值

　　还有些行业组以不同的行业为中心,呈相反的变化趋势,如 S_7 专业技术服务业和 S_0 制造业[见图 6-3(a)]。以前者为中心的 M 值均大于1,随着距离的增大而递减,在 1.8000～1.1376 变动;而以后者为中心的 M 值在 0～20km 的距离上均小于1,随着距离的增大在 0.3217～0.7543 变动。因此,S_7 周围 S_0 的分布呈集中分布的特点,1km 范围内的相对密度是其在杭州市分布的 1.8000 倍。但由于 S_7 在 S_0 附近的分布在 1～20km 上均呈现分散分布的状态,在 1km 的范围内,相对密度仅为其在杭州市分布的 32.17%。说明这两个行业空间分布的临近一致性较弱,特别是专业技术服务业在制造业附近的分布极少,影响了两者空间临近分布的一致性。S_4 房地产业和 S_0 制造业也呈现出类似的变化趋势[见图 6-3(b)]。表 6-2 列出了6组行业在 1～20km 的集中与分散范围、显著集中距离和显著分散距离。

(a) S_7 和 S_0 行业组

(b) S_4 和 S_0 行业组

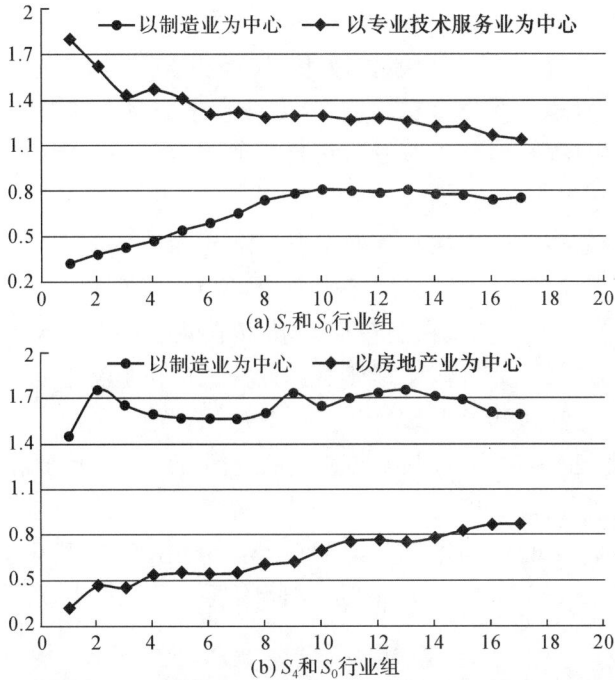

图 6-3　2010 年杭州市生产性服务业细分行业（S_7、S_4）与制造业间空间临近分布的 M 值

表 6-2　生产性服务业细分行业与制造业间空间临近分布特征

行业组	中心行业	集中范围	分散范围	显著集中		显著分散	
				距离/km	M 值	距离/km	M 值
S_1 和 S_0	S_1	—	1～20	—	—	1	0.6006
	S_0	1～16	16～20	1	1.2752	20	0.9997
S_2 和 S_0	S_2	1～20	—	1	1.8272	—	—
	S_0	1～20	—	3	1.7667	—	—
S_3 和 S_0	S_3	—	1～20	—	—	1	0.5900
	S_0	—	1～20	—	—	1	0.3751
S_4 和 S_0	S_4	1～20	—	—	—	1	0.3186
	S_0	—	1～20	2	1.7547	—	—
S_5 和 S_0	S_5	1～20	—	1	2.7075	—	—
	S_0	1～20	—	1	2.6852	—	—
S_7 和 S_0	S_7	1～20	—	1	1.8000	—	—
	S_0	—	1～20	—	—	1	0.3217

　　通过对表 6-2 数据的分析可以总结出杭州市生产性服务业细分行业与制造业间空间临近分布的几个特点。

(1)行业间的空间临近分布依赖于行业组内两个行业的分布,以不同的行业为中心,计算出的结果有时差别较大,甚至相反。例如,专业技术服务业(S_7)和制造业、房地产业(S_4)和制造业:专业技术服务业对制造业有吸引力,而反过来却是排斥的;但是制造业对房地产业有着较强的集聚力,反之,房地产业却无法引起制造业的集聚。

(2)知识密集型的生产性服务业细分行业与制造业的空间分布一致程度最高,即有着较强的互补效应。商务服务业(S_5)和制造业的空间分布临近性最强,结果表明,商务服务业在制造业1km范围内分布的相对密度至少是其在整个杭州市分布的2.5倍,反之亦然。计算机应用服务业(S_2)和制造业在1km内的M值也都达到了1.5以上。

(3)劳动密集型的细分行业与制造业的空间分布一致程度较低,多呈分散分布,体现了较为显著的挤出效应。如交通运输业(S_1)和制造业在$1\sim20$km内的临近分布均表现为分散状态,$M(r, S_1, S_0)$在$0.8277\sim0.6006$变动,$M(r, S_0, S_1)$在$1.2752\sim0.9997$变动,空间临近分布的集中程度也很低。

6.5　本章小结

结论1:生产性服务业区位与制造业区位之间存在正相关关系,但是并不对称,一个地区生产性服务业区位的提升(或衰退)对邻近地区制造业区位的提升作用(或负作用),大于该地区制造业区位的提升(或衰退)带来的邻近地区生产性服务业区位的改善(或恶化)。但是细分来看,生产性服务业各个细分行业的区位与制造业区位的空间关系存在很大差异,这与生产性服务业在城市内部的空间分布状况紧密相关,如金融业集聚在城市中心地区[①],辐射范围很难跨越城市界限,进而与相邻地区的制造业互动较弱。并且这也影响了局域指标的结果,依赖面对面接触的生产性服务业细分行业,无法跨越城市范围与相邻地区的制造业产生互动,而依赖远程通信技术的行业则不受限制,可以与相邻地区的制造业频繁地互动。因此,前者与制造业的局域空间相关性大多是负相关的,而后者与制造业的局域空间相关性大多是正相关的。

结论2:当视角缩小到单个城市时,生产性服务业区位与制造业区位的挤

---

① 　详细论述见第5章。

出效应会逐渐体现。以生产性服务业为目标观测值时,体现正相关空间关系的地区主要是地级市的市辖区,并且主要是由高值相邻引起的;而以制造业为观测值时,体现正相关空间关系的地区主要是地级市的城郊地区,主要是由低值相邻引起的。即一个地区生产性服务业发展,会带动邻近地区的制造业区位的提升,而当地的制造业集聚不显著,也会影响邻近地区的生产性服务业发展。并且在这个现象中,还掺杂着城市规模的因素。这是由于城市发展的先后顺序导致了市辖区的生产性服务业区位和制造业区位普遍高于城郊地区,因而市辖区生产性服务业的集聚推动相邻地区制造业的集聚,而城郊地区相对薄弱的制造业就无法为生产性服务业集聚提供基础。这就进一步证实了第4章关于城市规模对协同定位效应影响的结论。

结论3:随着视野缩小到城市的范围,挤出效应会逐渐凸显,但是并未完全替代互补效应。通过M函数计算再次确证了,在城市内部,生产性服务业与制造业的互补性协调和挤出性协调是并存的。这也为地方政府制定产业导向政策或者集聚区规划提供了一定的参考。一方面,诸如商务服务业和计算机应用服务业这些知识密集型的生产性服务业能够与制造业在空间上临近分布,从而通过互补性质的互动来实现协调发展;另一方面,劳动密集型的生产性服务业则不需要与制造业相邻分布,就能通过挤出性质的互动来实现城市空间结构的调整及空间层面的协调发展。

第7章 企业的空间选择对产业动态的影响研究

7.1 引 言

在集聚经济的实证研究中,最早的讨论中心就是关于产业维度[1]的,即地方化经济和城市化经济的相对重要性。这些研究大多在证明"来自于企业间协同定位的外部性引起了集聚经济,进而又引起了地方经济增长",因此大部分的研究都偏向于地方化经济的存在,而不是城市化经济(Rosenthal et al.,2004)。但我们也注意到,这些研究的结论并不是完全统一的,集聚经济对地方经济增长的影响会随着行业、地区和时间的变化而变化(Rosenthal et al.,2004;Mccann et al.,2008)。产生分歧的主要原因是在实证分析中忽视了集聚经济微观基础。虽然早在1920年,马歇尔就对集聚来源于地方化的微观基础进行了准确讨论,但至今为止,对于集聚经济对企业行为的影响,我们仍然知之甚少。

与此同时,产业动态作为一个较新的研究领域出现在我们眼前,它发源于马歇尔、熊彼特和潘罗思的研究[2],它有广义和狭义两种理解(Malerba,2007)。在广义理解下,产业动态研究所有与产业转型过程有关的问题,包括企业进入、成长和退出,技术的协同演进,市场结构和组织以及产业结构变化对宏观经济的影响(Carlsson,1989),也包括对需求变化的分析、产业的知识基础以及创新网络的结构和动态(Malerba,2007);在狭义理解下,产业动态是

---

[1] 集聚经济通常可以从三个维度来衡量:产业维度、空间维度、时间维度。

[2] 产业动态与新古典主义对产业研究的不同之处在于,前者主要关注产业内部的动态现象,并融入了经济地理的理论和方法。

指企业的进入、成长及退出对产业增长和衰退的统计学意义。①

　　集聚经济和产业动态有一个共同的微观主体——企业,因此它们的研究也存在交叉的部分,其核心的问题是如何运用企业的进入、成长和退出来分析集聚。这一问题不仅仅引起了学者的学术兴趣,也引起了政策兴趣,因为高比例的进入和退出通常与就业及生产率的增长相关联(Fritsch,2011)。因此,本文将产业动态和集聚经济的交叉领域定义为"集聚经济如何影响集聚体②中企业的进入、成长和退出及企业的进入、成长和退出如何引起空间集聚"(见图7-1)。对这两个问题的研究是相当多的,限于篇幅,本章对第一个问题展开讨论,即集聚经济在产业动态层面的效应。

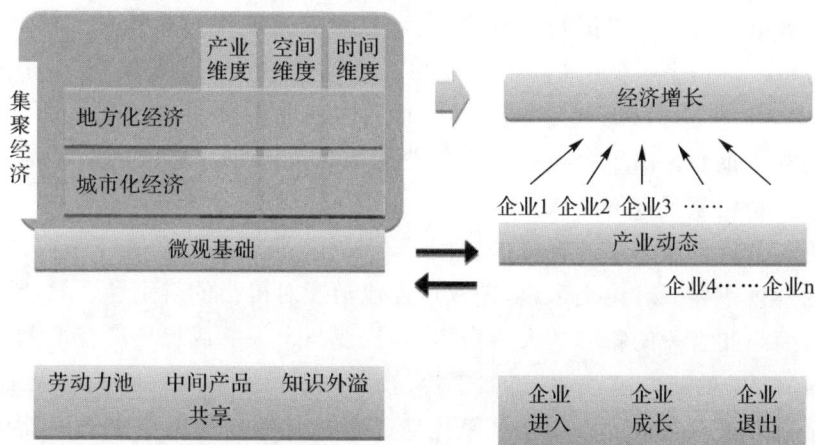

图 7-1　产业动态与集聚经济的互动关系

---

① 本书所指的产业动态多是狭义理解下的。

② 此处的集聚体是笔者对于集聚经济的两种不同形式(地方化经济和城市化经济)的两种结果(产业集群和城市)的统称。

7.2 集聚对企业家创业的影响

7.2.1 企业家创业的影响因素

企业进入是企业家个人或机构创业者的特征与周边环境特征相互作用的结果。对企业家个人创业起决定作用的因素与机构创业是不同的。引起企业家个人创业的地区差异因素主要有两个：人口结构和要素禀赋。而各地之间机构创业的差异则很可能是由规模经济、土地要素成本和市场可达性所引起的（Stam，2007；Koster，2007）。由此，大部分企业家创业都始于本地（Figueiredo et al.，2002；Stam，2007），而机构创业者则倾向于在总部之外的地区建立新企业。由于企业家个人创业的数量大大超过机构创业，因此我们主要关注企业家个人的进入。

首先分析企业家个人特征的空间分布模式，期望以此来解释企业家个人创业的地区差异。理论上来讲，创业过程包括了对机会的辨别和开发（Shane，2000），而与此有关的特殊的人力资本，则往往与个人的成长环境有很大关系。Bosma（2009）的研究就表明，诸如年龄、教育水平及家庭收入等个人特征对成为一个企业家有很大的影响。城镇化地区会具有较高的企业家比例，因为那里聚集着许多经受良好教育的商务人士（Glaeser，2007）。然而，用本地人口结构特征来解释企业家地区差异的一个前提条件是企业家都愿意在本地创业[1]。因为，如果企业家在任何地方创业的意愿都相同的话，即使本地有较高比例的潜在企业家，也可能大家都选择去外地创业，而导致较低的创业比例[2]。Stam（2007）就指出，产生企业家创业地区差异的另一个原因是企业家强烈倾向于在本地创业。而多个学者的研究都证明了这一假设的可行性。比如，Michelacci 等（2007）就发现本地的企业家在本地工作的比例显著高于非本地的企业家在本地工作的比例（或者说"一个地区所有的企业家中，本地人

---

[1] "本地创业"的"本地"指企业家的出生地或长期居住地，下同。

[2] 当然，这只是极端情况的一个方面，也有可能企业家都选择在本地创业，而导致较高的创业比例。此处要强调的是如果不存在企业家愿意在本地创业的假设，就无法得出本地人口结构与创业比例之间的关系。

口比重显著高于外地人口比重")。并且,由于在本地创业的企业会有更好的业绩(比如经营更久、利润更高及现金流更充足)(Dahl et al.,2009),因此,即使其劳动力成本比其他地区高出三倍,企业家也都更愿意在本地创业(Figueiredo et al.,2002)。至此,我们可以得出这么一个结论:因为企业家倾向于在本地创业,所以一个地区的人口结构和当地的企业家比例之间有很强的相关性。

　　而这仅仅是对企业家创业在数量上地区差异的探讨,那么各地之间创业类型、规模的差异又如何解释呢? 接着就有学者开始关注企业家在创业选择上的地区差异了,他们发现企业家前期的工作经验对于创业选择有很大的影响。大部分企业家创业的相关经验是通过前期工作积累起来的①,因而创业的过程也常常存在"行业惯性"现象,即新设立的企业与原来工作的企业处于同一行业中(Storey,1982;Lloyd et al.,1984;Vivarelli,1991)。这主要是由于业内人士往往比非业内人士更有可能识别出市场中的机会,而这与行业的竞争程度和增长预期是无关的(Shane,2000;Agarwal et al.,2004;Klepper,2009)。这也就表明了,企业家的选择行为是受限制的:潜在的企业家更关注他所熟悉的行业,而不是市场中最能获利的机会。那么从宏观上来说,现有的经济结构对本地的创业类型及数量有很大影响,某地区某行业的企业越多,该地区同一行业的新企业就会越多。

　　在组织生态学领域,现存企业对新进企业的这种正影响被称为社会合法化效应(Gerosski,2001)。合法化被通俗地定义为"social taken-for-granted-ness"(Hannan et al.,1995),一般假设其随行业中现存企业数量(即企业密度)增加而增加。社会合法化有两个主要过程。其一,一个地区存量企业产生的商业信息会扩散到潜在企业家中,包括那些进入同一行业的企业家,这被称为认知合法性(Aldrich et al.,1994)。认知合法性的一个首要机制是在企业家创业之前,他们与存量企业之间的知识传递过程(Sorenson et al.,2000)。最近一项研究表明,如果一个人的同事曾经是企业家,那么他也更易成为企业家,这就证明了靠近那些能够帮助你识别创业机会的信息和资源是相当重要的,并体现了同事对于创业作为一种职业选择这种观念的同伴效应(Nanda et al.,2010)。其二,社会—政治合法性是指"在现行法律规章下,主要股东、

---

　　①　存在一些企业家创业并不需要依赖前期工作积累的经验和人力资本的个例,但占比很小,不影响本书根据大多数情况得出的结论。

公众、主要领导人或政府官员承认一项投资是合适的、合法的过程"(Aldrich et al.,1994)。社会—政治合法性随存量企业数量增加而增加的。Fornahl(2003)和Vaillant等(2007)均已证实了一个地区的企业家通过传递"别的企业也这么做"这一信息,能够树立一种社会角色的榜样,并创造一种有利于创业的文化环境:创办自己的事业是一件普通的事情,并且即使失败了也不是社会的耻辱。

可见,从企业家创业的角度出发,我们可以合理推论:企业进入①比例会随集群规模扩大而上升②。因为集群规模越大,就表明集群所在地区某一行业的存量企业越多,根据前文提到的学习(前期经验)和合法化过程,就可以预期同一行业中的进入比例会越高。后续有许多实证研究也证实了这一推论。

图7-2显示了企业家创业地区差异研究情况。

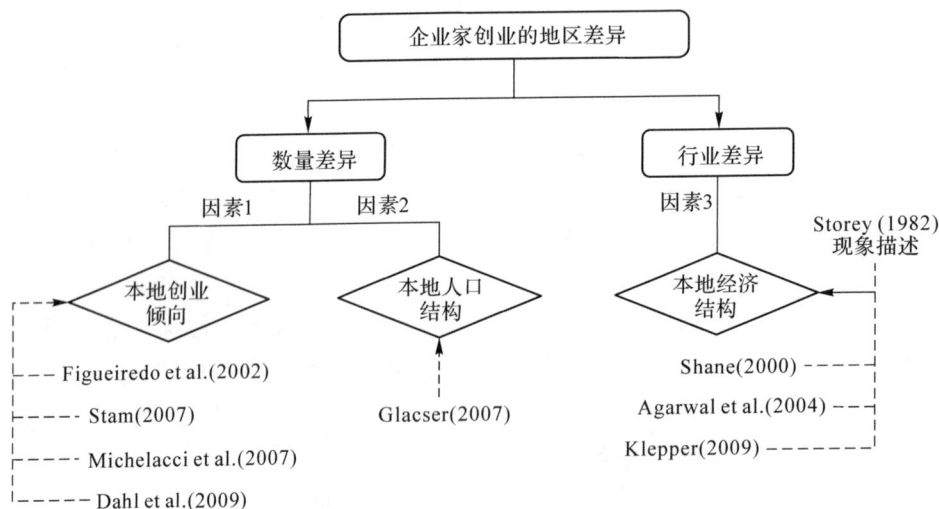

图7-2　企业家创业地区差异研究情况

7.2.2　企业家创业与地方化的关系

在企业家创业与地方化关系的研究这一领域,研究的方法都很相似,先将

---

① 本书的"创业"和"进入"意指相同,仅仅是描述主体不同,"创业"是以企业家个人为主体,"进入"是以企业本身为主体,根据论述的重点差异而区别用之,未加统一。

② 这里的集群被定义为同类或相关行业的企业的空间集中,也就是地方化。

企业家创业和地方化(集群规模)两个研究的目标量化,再分析两者的相关性,研究结论也较为一致,都证实了两者之间的正相关性。在这些研究中,差别就在于两个变量的量化指标不同,对于企业家创业,主要用新企业数量或新企业就业数量来表示,地方化则有绝对数(本地企业密度)和相对数(区位商)两种量化方式。较多的研究采用了新企业数量和本地企业密度来分析,主要是因为这两组数据相对容易取得,并且在不同的细分行业中都证实了其正向关系,包括汽车(Bigelow et al.,1997)、计算机(Baptista et al.,1999)、鞋类(Sorenson et al.,2000)、会计(Cattani et al.,2003)、生物技术(Stuart et al.,2003)、摩托车(Wezel,2005)及电子游戏(De Vaan et al.,2011a)。随着可获得数据的不断丰富,研究也不断深入,Rosenthal 等(2005)调查了 2001 年纽约都市圈内的新进入企业,发现用区位商衡量的地方化经济与新企业创造的就业是正相关的。张明倩等(2007)利用浙江省 1999—2002 年的企业数据发现,不论是用绝对数还是用相对数来衡量地方化水平,其对新企业进入都存在显著的正效应。

企业家创业与地方化关系研究情况如表 7-1 所示。

表 7-1　企业家创业与地方化关系研究情况

研究方法	已有研究
新企业数量与本地企业密度	Bigelow et al.,1997——汽车 Baptista et al.,1999——计算机 Sorenson et al.,2000——鞋类 Cattani et al.,2003——会计 Stuart et al.,2003——生物技术 Wezel,2005——摩托车 De Vaan et al.,2011a——电子游戏
新企业数量与区位商	Rosenthal 等(2005) 张明倩等(2007)
控制企业来源	Péer et al.(2008) Buenstorf et al.(2005,2011)——轮胎及激光器

但由于企业进入受企业家本地创业意愿的影响,因此要确定地方化对进入的真实影响(或者说地方化经济是否真的存在),需要对分析中的企业来源加以控制。Péer 等(2008)发现,在控制了来源地之后,大部分新进入企业会被吸引到来源地的集群中,从而证明了(可观察的)地方化经济在区位选择中

的作用。而 Buenstorf 等(2005,2011)通过对轮胎及激光器两个细分行业的研究发现,一旦控制了企业家的来源地,新进入企业就并非由于其他企业的存在而被吸引到集群中的。

地方化经济包括劳动力池、中间产品共享及知识外溢的优势。即使撇开那些影响区位选择的传统的区位成本因素(如交易成本、运输成本以及共享的基础设施),这些地方化经济的好处单独或合在一起也会吸引新企业进入集群。而上述实证研究均只用了与就业有关的指标来衡量集聚经济,并未考虑集聚经济的其他两个微观基础。Baptista 等(2010)就以市级层面企业的进入为例进行研究,发现一个地区对知识和人力资本的可达性极大地影响了知识密集型企业的进入比例,即知识外溢这一因素对知识密集型企业影响较大。可见,如果仅仅用一个笼统的指标表示地方化经济,去判断其对企业进入的影响,就无法找出到底是什么优势吸引了企业进入,也无法知晓引入的是怎样的企业,因而结论会产生分歧。所以,需要在研究中考虑企业的异质性。Alcacer(2007)发现,技术落后的企业会被吸引到创新企业集群中,而技术先进的企业则会避免这种情况,它们更愿靠近学术水平高的地区。

7.3 集聚对企业成长的影响

虽然在空间集聚和企业进入之间存在很强的联系,但笔者认为这种联系并没有为集聚经济①提供明确的证据。由于大部分企业家在成立自己的企业时并不重新选择区位,集聚和进入之间的联系更多的是反映了空间惰性。要更准确地评估集聚经济的影响,则要考虑集聚与企业绩效(包括企业成长和企业生存)之间的联系。

需要再次强调一下,本书关注的重点是集聚经济对微观企业成长的影响,而不是对整个宏观经济增长的影响。迄今为止,很多关于集聚的实证研究用城市(或行业)的加总数据作为基本分析单元,来证明当地经济增长与集聚经济之间的关系,这些研究往往很难为集聚对企业绩效的影响提供观点或证据。因为在加总的区域或行业层面的数据中,那些反映企业之间差异的信息就丢

---

① 这里的集聚经济指地方化经济,本书未广泛讨论城市化经济这种集聚经济与企业进入、成长和退出的关系。

失了,由此得到的区域或行业层面的关系就难以复制到企业层面。因此,一个地区或行业由于更多的集聚经济活动而成长得更快,并不能就此推测该地区或该行业的企业就成长得更快。这也就是所谓的"生态学谬论"(Robinson,1950)或"跨层次谬论"(Alker,1969)。而且,在以区域为基础的研究中找到的集聚效应可能仅仅是结构性的(Macintyre et al.,1993)。比如,我们经常在关于产业组织的文献中看到,由于内部规模经济的存在,大企业比小企业有更大的增长的可能性。因此,一个地区的经济快速增长可能是大企业在这个地区集中的结果,而不是地方化外部性或外部规模经济引起的。Baldwin 等(2006)也从理论上证明了,生产企业的集聚可能仅仅是,在空间选择过程中,更有生产率的企业被吸引到经济密度更高的地区的一个结果。由于这个原因,经济活动的地理差异到底是区位特征(比如集聚经济)的产物,还是仅仅是由差异化的经济结构引起的,仍不是很清楚。这一内生问题,使得以城市或区域作为最小分析单元来推测集聚对企业成长的影响,变得更困难了。

7.3.1　单行业研究

早在马歇尔提出集聚经济的三大微观基础之后,就有学者尝试探究集聚经济对微观企业成长的影响,但由于数据限制和保密限制,这类实证研究直到最近才基本形成体系。早期的研究多是比较研究,即将集聚体内外的企业区分开来,比较它们的成长状况。但这种比较只能在同类企业或者说同行业企业之间进行,因而多是单个行业的研究。研究涉及计算机和生物技术(Swann et al.,1996;Swann et al.,1998;Baptist et al.,1999)、航空航天(Beaudry,2001)、广播(Cook et al.,2001)及金融服务(Pandit et al.,2001)等多个行业,且都发现位于同行业集群中的企业有着高于平均水平的成长,而位于不相关行业集群中的企业,其成长水平低于平均水平,即地方化对企业成长有正面的影响。然而,需要考虑的是,某种行业的实证证据能否应用到更广泛的范围中,这种影响在哪些行业中最强。我们需要在更广泛的范围中探究这一问题,而比较研究的方法就不适用了,因为在比较时,只能允许一个变量变化,在行业和区位都可变的情况下,是无法得出有意义的结论的①。

7.3.2 多行业研究

后续的研究多采用系统的回归分析,较早踏入这一领域的是 Pan 等 (2002)。他们利用中国 1995 年第三次工业普查数据来估计聚集经济对单个企业生产率的影响,发现城市规模每增加一倍企业的生产率就会增长3.6%,但集聚优势主要受益于同一个地理位置同一个行业企业的集中(地方化经济),而不是城市发展自身的外部性(城市化经济)。这一结论与同样采用绝对数指标来衡量集聚经济的 Beaudry 等(2009)的研究是一致的。他们对英国 56 个两位数行业(包括制造业和服务业)的企业的成长进行了研究,发现大约一半的行业中,企业成长和本行业就业(地方化经济)之间存在正向的且统计上显著的关联。而企业成长与其他行业总就业(城市化经济)的关联则不太显著,并且在少数存在关联的行业中,它们之间也通常是负相关的。并且,集群效应在制造业和基础设施行业中是最强的,在服务业中是较弱的。Pan 等 (2002)的贡献在于将研究范围扩大到了整个工业范畴,而 Beaudry 等(2009)则更进一步将服务业也纳入了。

由于所采用的衡量集聚经济的指标不同,Burge 等(2008)对荷兰先进生产性服务业中新企业生存的决定因素的探究,得出了完全相反的结论。他们分别采用了本行业就业集中度和全部就业集中度(相对数指标)来衡量地方化经济和城市化经济,发现在控制了企业和行业特征后,区位仅能解释新企业绩效差异的 4%。对新企业就业增长,地方化经济是负效应的,而城市化经济是正效应的。并且,初始规模较大的新企业比初始规模较小的新企业,从集聚经济中获益更多。虽然 Burge 等(2008)在研究范围上不如 Pan 等(2002)及 Beaudry 等(2009),但他们的贡献在于:①将集聚经济对企业和行业的影响区分开来;②分析了异质性企业从集聚经济获得的效益是否是不对称的;③考虑了新企业绩效的两种表现——生存和成长。之后,Wennberg 等(2010)的研

---

① 比如说,比较得知,A 行业的企业在集群内比集群外成长得更好,而 B 行业反之,但这无法告诉我们为何会有这一结果,是行业不同引起的,还是所处集群不同引起的。再比如说,比较得知,A 行业和 B 行业的企业在集群内均比集群外成长得更好,但也无法知道哪个行业的企业差异更大,虽然从绝对数上可以看出,但无法得知这种差异大小的区别是集群内外的区位不同引起的,还是行业不同引起的。

究也证实了集聚经济衡量指标的选择对结果是有影响的。他们分析了瑞典若干行业企业层面的数据,发现当用绝对数衡量时,存在地方化经济的证据(地方化对企业成长有显著影响),而用区位商衡量时,地方化对企业成长的影响就明显较弱。

Maine 等(2010)在分析中加入了空间维度,他们主要关注企业与集群的距离对企业成长的影响。实证结果表明,与专业化集群的距离对企业成长有负面的影响,但是集群本身对企业并没有显著影响;而与多样化大城市地区的距离对企业成长有显著影响,但仅限于那些十分依赖下游供应链的企业(如信息和通信技术企业)。

7.3.3　小结

上述这些研究,不论是从产业维度的角度还是从空间维度的角度,大多是在讨论集聚和企业成长之间是否存在联系,即集聚经济能否被识别,而没有更进一步探求企业异质(即企业成长的差异)的根本来源或内在机制,即是否是集聚经济引起了企业的异质。而集聚经济的微观基础是多样的。比如,劳动密集型企业对劳动力池更敏感,而知识密集型企业则对知识外溢更敏感。因此,即使企业进入时的区位选择一样,一个对某一微观基础更敏感的企业,当其位于由同样微观基础形成的集群中时,也会成长得很好。由此,我们再次提出企业异质性的影响,并且认为这一异质性的内涵应根据企业对集聚经济三个微观基础的敏感性来划分。

图 7-3 显示了企业成长差异研究情况。

企业成长差异

单行业研究

计算机和生物技术（Swann et al., 1996;
Swann et al., 1998;
Baptist et al., 1999）
航空航天（Beaudry, 2001）
广播（Cook et al., 2001）
金融服务（Pandit et al., 2001）

结论1

同行业集群正相关

结论2

相关行业集群负相关

分支

多行业研究
（Wennberg et al., 2010）

空间维度
（Maine et al., 2010）

结论1

绝对数指标正相关

（Pan et al., 2002）
（Beaudry et al., 2009）

结论2

相对数指标负相关

（Burge et al., 2008）

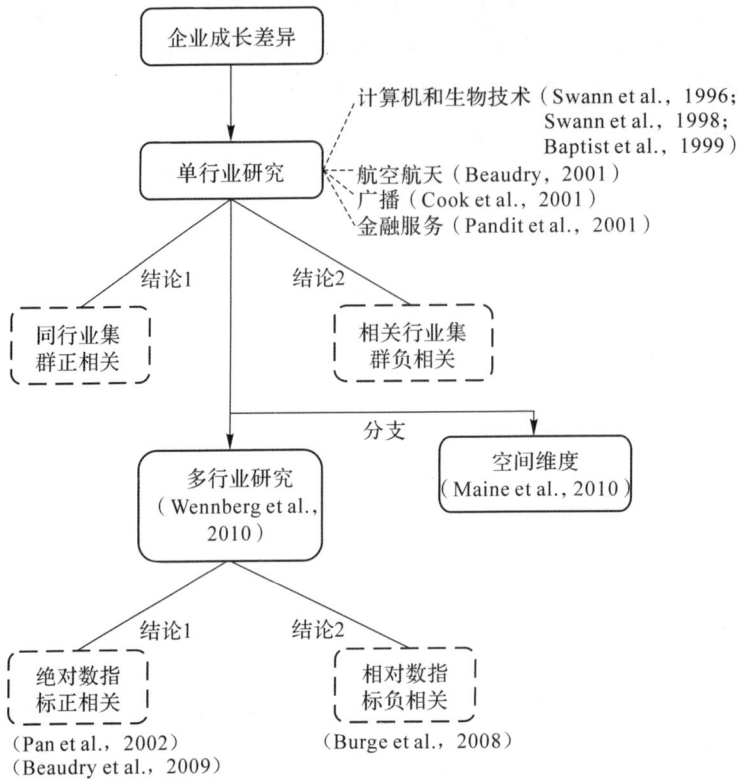

图 7-3　企业成长差异研究情况

自从 Melitz(2003)提出了企业的异质性这一概念后,多个领域的研究都注意到了这一问题,关于集聚经济对企业成长影响的研究也不例外,有不少学者在这方面做了很多尝试[1]。傅十和等(2009)从企业规模的异质性出发,利用 2004 年制造业企业的普查数据,研究了不同规模企业在不同规模的城市中得益于何种聚集经济。他们研究发现,小型企业在中等和大城市中显著得益于马歇尔外部经济,而在超大和特大城市中显著得益于雅各布外部经济;中型企业在大城市和特大城市中得益于马歇尔外部经济;而大型企业即使在特大城市中,也很少得益于雅各布外部经济。Costa 等(2011)则考虑了企业生命周期的异质性,发现在波多黎各的注塑模具行业中,与集群的协同定位仅仅在

---

[1]　企业异质性是指企业的差异,而企业的差异存在于方方面面,我们认为在运用这一概念时,应赋予它符合研究目的的内涵。

集群生命周期的晚期才会加强企业的生产。Duranton 等(2001)就指出,企业在生命周期的不同阶段会选择不同城市。新生或年轻企业更容易在一个多样化城市产生,而当企业成熟后,如果发生迁址,则偏向于迁址到专业化城市中,其背后的机制在于创新。董晓芳(2012)将这一概念更加具体化,直接以企业的创新产出作为分析对象,探究不同生命周期阶段的企业的创新产出对集聚经济反应的差异。她发现,新生企业或者年轻企业,其创新产出更多地受益于城市化经济,而随着企业年龄的增长,地方化经济开始起作用,成熟的企业的创新显著受益于产业专业化。

对于集聚经济的微观基础,除了劳动力池,知识外溢也经常被学者关注,但在微观领域的成果仍不多。Raspe 等(2008)通过对荷兰的研究发现,位于创新环境或研发密集的环境中的企业,比位于知识源较少的地区的企业成长得更快。

7.4　集聚对企业生存的影响

检验企业生存的研究通常是基于生存或可持续经营的分析,往往涉及将时间模型化到事件数据中去。从这个意义上来说,不少文献把退出看作一个事件。因此,生存概率与退出概率是互补的,那些对生存概率有正面影响的因素(即提高企业生存的概率),对退出概率有负面影响(即降低企业退出的概率)。

7.4.1　差异化的实证结论

相比对地方化经济和企业成长的研究,对地方化经济和企业生存的研究要多得多。显然,这是由于企业生存的数据比企业成长的数据更容易获得。但这些研究的结论存在很大的矛盾。

Rosenthal 等(2005)、Wennberg 等(2010)和 Burge 等(2008)在对于企业成长的研究中,发现了地方化经济影响企业生存的证据。然而,由于他们仅仅分析了新进入企业,这些结果可能是有偏差的。其他的一些研究没有分析行业集群意义下的地方化经济,而是研究了从所有行业知识外溢中发展起来的集聚经济,Stough 等(1998)就发现技术熟练工人的高度集聚与新企业较高水平的成长是相关联的。又比如,Raspe 等(2008)发现了本地创新环境强化了企业生存,即意味着知识外溢。然而,这些发现与 Brixy 等(2007)的观点相矛盾,他们发现,在德国研发较密集的地区,其企业的生存概率较低。

与此同时,也有一些研究发现集群对企业生存是不利的。如 Sorenson 等(2000)研究了美国的鞋业,指出企业密度对企业生存有负面的影响。Staber(2001)发现德国巴登—符腾堡州的纺织业企业退出比例随企业密度增大而上升。Stuart 等(2003)从美国生物科技企业中得到了同样结论,并且他们发现,其他形式的集聚经济①会增强企业生存。Acs 等(2007)对美国服务业的研究发现,对新企业的生存来说,专业化地区的区位是不利的。类似地,在关于英国汽车行业的长期研究中,Boschma 等(2007)发现,创业时较高的企业密度会降低企业生存比例。逯宇铎等(2013)同时考虑了两种类型的集聚经济的影响,他们运用 Cox-Aalen 模型估计中国工业企业 1999—2009 年的退出行为。结果显示,地方化经济对企业生存有负面的影响,以城市规模和多样化衡量的城市化经济也仅在企业初建期提高了企业的生存概率。

一些近期的研究指出了地方化经济的非线性,即集群规模与企业生存的关系是非线性的。Folta 等(2006)肯定了地方化经济的存在,但他们也指出,当一个集群扩张得较大且对资源的竞争变激烈时,地方化就会由经济变得不经济了。虽然 Folta 等(2006)用不同的衡量企业绩效的指标来检验时,集群规模与企业生存的关系是非线性的这一结论都能成立,但发现企业密度对企业通过破产退出的影响是负面的。也就是说,企业密度(集群规模)的增大提高了企业破产的概率,但二次方的影响却表明这种概率在较大的集群中会降低。即地方化会随集群规模的扩大而从不经济变为经济:在较小规模的集群中,企业破产概率随企业密度增大而提高;而在较大规模的集群中,企业破产概率却随企业密度增大而降低。类似地,De Vaan et al.(2011b)分析了电子游戏行业,发现集群对企业生存的负效应在集群规模达到某一临界值后会变为正效应。

也有一些研究发现集群既没有正的效应,也没有负的效应,而是无效的。比如,在一系列探究特定行业企业生存的研究中,包括美国汽车行业(Klepper,2007)、全球时装设计行业(Wenting,2008)、美国轮胎行业(Buenstorf et al.,2005)、美国半导体行业(Klepper,2010)、德国机械工具行业(Buenstorf et al.,2011)、荷兰出版业(Heebels et al.,2010)等,都发现集群中的企业没有比

---

① 也就是城市化经济。

集群外的生存得更久。重要的是，只有在控制了集群对新进入企业贡献的前期经验之后，集群效应才得以体现。这意味着，集群通常拥有较多的成功企业，然而这种成功不是由集群引起的，而是由企业家在创业前的工作中获得的经验引起的。

7.4.2　结论差异化的原因探析

1.行业差异

那到底是什么引起了如此差异化的结果呢？一些研究在比较了不同行业之后，发现行业差异是一个重要的原因，地方化经济仅仅存在于一些行业中。比如，Nyström(2007)用瑞士的面板数据发现，在 26 个行业中，只在 16 个行业中，地方化经济对企业退出概率有影响。同样，Renski(2011)发现，在他们检验的 8 个行业中，地方化对新企业生存的正影响仅存在于 5 个行业中。

2.集聚经济的基础差异

一个准确的衡量集群效应的方法，应该是要能够区分同行业的效应和相关行业的效应。由于许多集群是由一系列相关行业组成的，这就为学者们分析同行业集聚和相关行业集聚对企业生存是否有不同影响提供了可能。可以预见的是，当企业遭受与同行业竞争者相邻的损失时，也会从与相关行业企业的协同定位中获利，这些相关行业可能是与之有垂直关联的行业，也可能是其跨行业知识外溢的来源(Cantwell et al.,2002；Frenken et al.,2007)。事实上，Staber(2001)对德国巴登—符腾堡州纺织业企业生存的分析表明，同行业企业集群中的区位提高了企业失败比例，而互补行业企业的多样化集群中的区位会降低失败比例。也就是说，如果集群中仅仅只有同行业企业，则企业生存概率降低，而如果集群中有较多相关行业企业，则生存概率提高。同样地，在 Boschma 等(2007)的研究中也发现，集群中的企业生存比例较低，但当该地区有着较高的相关行业就业水平时，生存比例就提高了。Neffke 等(2012)对瑞士1970—2004 年的企业生存进行研究后没有发现地方化经济的证据，却发现了本地技术相关行业的存在显著增加了企业生存概率。

尽管一些研究给出了正相关的证据，但大部分关于集群和企业生存的研究发现，很少有证据能支持马歇尔假设，即协同定位带来地方化经济。但仍然存在一个问题，即如何理解一些集群能持续几十年而集群内的企业却无法享受好处甚至从协同定位中遭受损失。Sorenson 等(2000)和 Stuart 等(2003)

对美国制鞋企业和生物科技企业的研究,对这一问题的回答可能是最详尽的。他们将进入和退出放在一起分析,发现在两个行业中,一个地区的企业密度增加了该地区企业的进入比例。他们得出结论,企业空间集中为新企业进入创造了机会,因为这给了它们接近"隐性知识和社会关系"的机会(特别是以子公司形式进入的情况)。这意味着存量企业数量较大的地区享有地方优势,即这些地区有着最高的企业家比例。然而,这些集群中的企业绩效却比集群外的差,反映了其中的竞争水平较高。这样,本地密度促进了企业家的出现却恶化了存量企业的绩效①。这就使 Sorenson(2000)认为,持续的集聚优势不应归功于地方化经济增加的企业绩效,而应归功于存量企业为新进入企业创造的机会。即集聚并没有提高企业绩效,仅为新进入企业创造了更多的机会。

3.退出方式差异

大部分研究认为生存是退出的对立面。然而,除了关闭和破产这种失败的象征,一个企业可以选择通过被兼并或被收购来退出市场。并且在现实中这种退出方式普遍存在,如企业家或投资机构为达到某种目的,将企业出售给大企业而设立新的公司(Cefis et al.,2006)。这样,退出就不一定等于失败(Folta et al.,2006;Stam et al.,2008)。实际上,大部分研究在检验企业退出和生存时所使用的退出概念已经包含了破产退出和通过并购退出两种方式,而如此的界定主要还是由于缺乏能够区分两种退出方式的数据。但不论原因为何,这种对退出概念的模糊界定可能恰恰就是引起结论混乱的原因,也可以在一定程度上解释为何迄今为止,关于地方化经济的结论是不统一的。

当然,这一领域不完全是空白前,还是有一部分学者对产业集群中不同的退出方式给予了关注。如 Weterings 等(2015)就用竞争风险模型估计了集群区位对这两类退出方式的效应(荷兰 1994—1998 年商务服务业和制造业行业新进企业)。他们发现集群区位为新企业生存提供了更好的机会,但是在更大程度上为新企业提供了潜在的成功退出(即通过并购退出)的更好选择。但是,当不断进入的企业所带来的竞争超过地理集中临界值时,这些好处就和挤出效应共同存在了。关于这一点,早在 Folta 等(2006)关于美国生物科技行业的研究中就有所发现:集群规模对出售比例具有正向递减的影响。De Vaan 等(2011b)研究了全球电子游戏行业,对失败退出和成功退出分别进行

---

① 这里的绩效指的是企业生存与否,而非企业成长好坏。

了估计,发现降低失败概率的因素(进入前的经验和游戏玩家的质量评估)往往也是增加被并购概率的决定因素,暗示着兼并是成功的一种表现。地方化经济影响的仅仅是破产退出的比例,而不是通过并购退出的比例。图 7-4 显示了集聚经济对企业生存影响的研究情况。

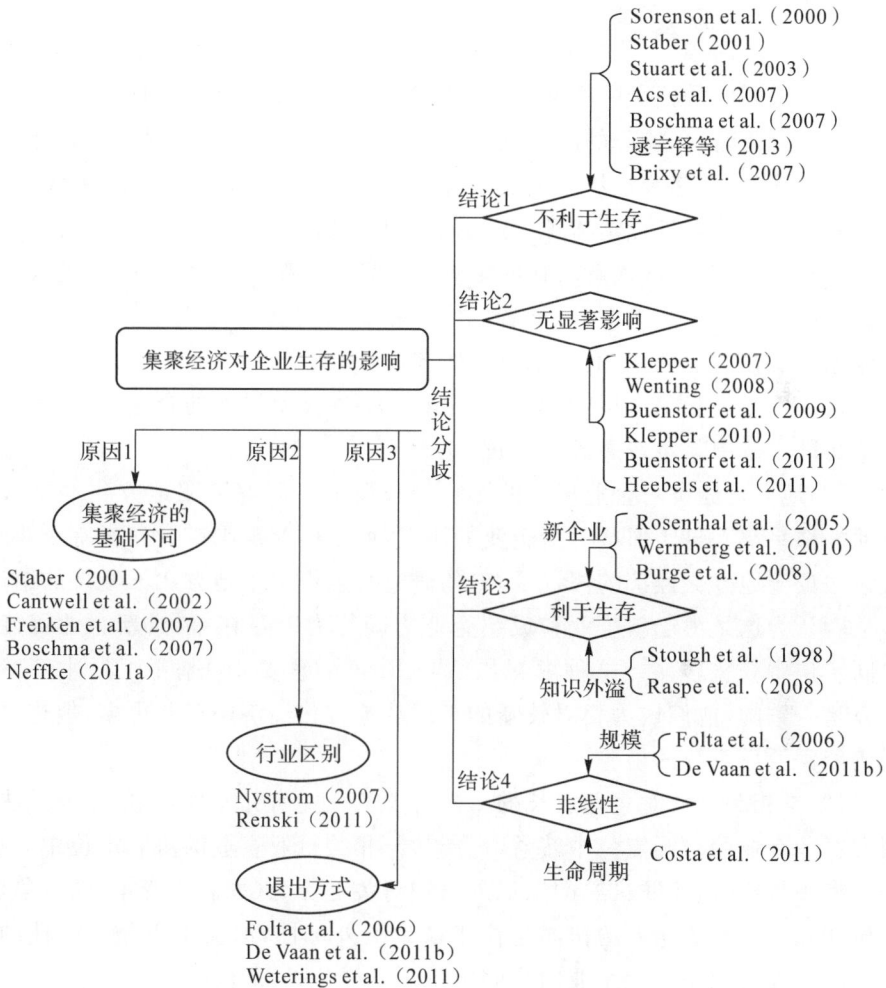

图 7-4　集聚经济对企业生存影响的研究情况

7.5　本章小结

7.5.1　主要结论

本书采用的是狭义的产业动态概念,即企业的进入、成长和退出。在经济地理的研究范畴内,核心的问题是如何从企业的进入、成长和退出来解释经济活动的集聚,以及集聚经济如何影响企业的进入、成长和退出。限于篇幅,本章仅对第二个问题进行了梳理,并得到了如下结论:

(1)集群对企业进入有很强的影响。笔者所涉略的文献都发现,进入比例随着集群规模的扩大而上升,学者们大多都认为这主要是由于大部分潜在的企业家愿意在本地创业,而并未提及协同定位收益的影响。然而,地方化经济在进入决策时是起了作用的,但仅仅是对于那些技术迟滞的企业,因为它们可以从协同定位中收益较多而损失较少。

(2)地方化经济对企业成长的影响是较弱的。能够证明地方化经济假设的证据似乎都来自于那些对新企业的研究,而当研究范围扩大到所有企业时,就无法证实地方化经济的假设了,有的研究甚至得出了地方化不经济的结论。有学者认为这是由于新企业和成熟企业之间能力上存在差异,新企业可能从协同定位中获益较多。这种解释虽然与 Brown 等(2010)基于工厂生产率的研究是一致的,他们认为相对较新的工厂从地方化经济中获益更多,但这一结论仍然需要更系统的检验。

(3)与相关行业对企业成长的影响有关的一些研究发现,即使企业无法从与同行业企业的协同定位中获益,也能从与相关行业企业的协同定位中受益。这一发现表明,由于非自愿的知识外溢和对关键资源(如人力资本)的竞争,企业可能在与同行业企业的协同定位中产生负外部性,但会由于相关行业的知识外溢而在与相关行业企业的协同定位中享受正外部性。

7.5.2　未来展望

综上所述,最主要的问题是将矛盾的实证研究统一起来,据此我们提出了未来研究的一些方向。从笔者梳理的内容来看,地方化经济对企业绩效(包括企业成长和企业生存)的影响是实证研究中较大的一块空白,笔者认为有两条路径可以选择,或从理论入手,或从方法论切入。

从理论上来说,出现这些关于地方化经济的矛盾的结论,可能是由我们的错误理解导致的。首先,研究中常常存在这么一个不合理的假设:企业从协同定位中受益均等。然而从演化经济的角度来看,任何研究都应以企业异质性假设为出发点,企业的日常活动是异质的,从而导致其能力和网络也是异质的。进而可以假设,企业的能力越低,它越能从集群中受益(Brown et al.,2010)。并且这种关系是钟形的,中等能力的企业从集群中获益最多,能力最低的企业仅能从附近企业吸收知识(Cohen et al.,1989;Boschma,2002);而那些拥有最先进技术的企业在集群中竞争时会损失得最多(Shaver et al.,2000),除非这些技术很难被他人学习(Aleacer et al.,2010)。其次,应该将地方化经济分解为马歇尔所提出的三个微观基础:劳动力池、中间产品共享和知识外溢。比如,可以预期一个落后的企业比较大的企业从知识外溢中获益更多,而较大的企业则从专业化供应商和劳动力池中获益更多。简而言之,从理论上阐明集群收益的工作应该从企业异质性和外部性入手,由此可以建立各种假设来解释迄今为止的矛盾结论。

从方法论上来说,实践中集群含义的界定仍然是一个难以解决的问题,很少有学者详细说明过这一问题。许多研究仅仅是沿用惯例的定义,导致实践中集群定义的长期不一致。首先,是衡量地方化经济指标的多样化问题(包括区位商、同行业就业、集群虚拟变量、同行业企业数量),这也是最重要的问题。由于我们分析的是企业协同定位过程中产生的外部性,简单的企业数量的绝对数似乎是最理想的指标(实际上也是最普遍的)。但如果可行,对知识外溢这一内在机制进行直接测量的指标是更好的(Breschi et al.,2001)。其次,是关于行业定义的问题。通常采用政府的统计标准,然而这种标准并不考虑企业的产品市场,而实际上按产品进行分类应该是更好的(Neffke et al.,2011)。第三,由于许多集群定义包含了相关行业,因此对相关行业的定义也是重要的。Neffke 等(2009)就指出了可以用劳动力池表示的行业间技术相关性来定义相关行业。最后,需要再次强调的是,不同的进入模式(创业和子公司)和退出模式(破产和并购)的重要性,集群对于不同类型企业的影响已经被证明是有差异的,有时甚至是负面的。

另一个基础的方法问题是集群地理边界的界定。在追踪地方化经济在企业层面的影响时,把距离集群的距离考虑进来似乎比框定一个集群的边界更有效(Maine et al.,2010)。因为相关的空间水平和空间衰退速度可能会随着地方外部性的内在机制不同而不同(Rosenthal et al.,2001;Wennberg et al.,2010)。一项关于 Texas 高科技企业的研究就发现,企业在 1km 范围内的协同定位会产生地方化不经济,而在 1～25km 范围内的协同定位则会产生地方化经济。在考虑劳动力池的有效空间范围时,本地劳动力市场似乎是空间显著集中的最大限度。同样地,本地劳动力市场可能是知识外溢显著集中的最大范围,因为这种外溢主要发生在当地员工之间的社交网络(Breschi et al.,2009),然而也有学者指出其范围可能更小(Rosenthal et al.,2001)或更大(Bottazzi et al.,2003)。至于专业供应商,相关的空间范围则与具体行业有关。除了那些生产过程对时间较为敏感的行业,在大部分行业中,这一相关空间范围要大于本地劳动力市场。

第8章 空间结构调整对产业转型升级的影响研究

近年来,如人民币的持续升值,导致中国在国际市场上的比较优势被弱化;国民收入的不断增加,导致要素结构的变化趋于表面化;过去被人们认为是最为充裕的低成本劳动力,也出现了结构性短缺;土地资源的短缺、环境因素的影响等,使得中国经济发展,特别是作为中国经济发展的"火车头"的长三角和珠三角地区的经济发展遇到了前所未有的挑战。如何应对危机,把挑战化为机遇,已成为当前中国经济的重要问题。

8.1 中小城市发展模式的内在结构性缺陷

浙江省是中小民营企业主导的区域发展的代表性地区,其产业以低技术的劳动密集型产业为主,产品有40%的出口依存率。这些企业普遍被认为具有较强自主决策能力和市场竞争力,但这种过去被看好的发展方式,现在遇到了突出的问题,主要表现在三个方面。一是增长速度钝化,表现为经济增长率下滑。二是投资驱动乏力,表现为投资萎缩,特别是对经济发展至关重要的设备投资萎缩。2007年,浙江省投资增长只有10.5%,仅为全国平均水平的30%,在沿海主要省份当中浙江省是最低的。三是产业结构调整升级缓慢,创新驱动未形成。数据显示,2007年,浙江省规模以上工业企业的利润率只有28.59%,尽管绝对数值并不低,但是比全国平均水平低8个百分点。

中国沿海地区在产业结构调整中出现的问题,不是简单的产业经济学问题,也不是简单的体制问题。浙江的温州及其发展模式,曾被推崇为中国市场经济发展的典范,恰恰就是这些被认为是市场化改革走在前列的地区,面对发展方式转型和产业结构升级,显现出了很多的不适应。在浙江,投资增长乏力、产业结构调整缓慢、经济增长速度钝化等现象最突出的恰恰是被认为是市场化程度最高的温州地区。因此,对于中小城市出现的发展缓慢的问题,不能简单地归因为市场化程度不够,认为只要进一步加大市场化改革的力度就能解决。

中小城市出现的问题,其深层次的原因在于经济发展模式内在的结构缺陷。浙江的发展模式,被定义为民营经济主导的发展模式,严格来说,是一种基于特定地域文化的中小民营企业主导的发展模式。尽管这种模式有其天然合理的一面,但也不可避免地带有先天性的弱点,这主要体现在四个方面。

(1)企业的发展更多地依赖企业家的个人决策,而这些企业家受传统的农耕文化的影响较大。一般来说,影响企业家决策的主要因素有三个:第一是政府的政策和行为(包括各种规章制度等),第二是市场机制(价格机制),第三是企业、企业家个人及其核心团队的文化因素。转型发展阶段,当政府的政策导向因为各种原因处于"失灵"或"半失灵"状态,市场机制也因为发育不成熟而机能不全的时候,企业、企业家及其核心团队的文化因素就会对经营决策发挥重要的作用。对家族企业体制的执着、对短期利益的关注构成企业决策的决定性因素,这些因素在工业化的初始阶段,包括在体制转型的初始阶段对企业家的经营决策发挥过正面的作用,但在新的发展阶段中,会影响企业的结构转型、产业结构的优化升级,以及工业化的进一步发展。

(2)块状经济拉长了劳动密集型产业的生命周期。块状经济即专业化的产业区,有时候也被称为产业集群。近几年,长三角、珠三角等一些经济比较发达的地区迟迟迈不开产业结构升级的步子,这和发达的块状经济有一定的关系。比如,浙江制造业中劳动密集型产业的比重约为25%,但是在可以统计的浙江81个产业集群和块状经济中,劳动密集型产业的比重为41%。由此可见,产业集群和块状经济中的劳动密集型产业特征相当明显,产业集群或者块状经济虽然在一定的时间内消化或缓解了劳动力成本上升以及土地资源短缺等要素资源结构变化带来的发展障碍,但是并没有真正解决发展中的根本问题。由于延缓了产业结构调整的时间,如果把在一定时期、一定范围内具有积极意义的块状经济和产业集群放到更高的战略层面上观察,块状经济和产业集群就成为阻碍地区产业结构升级的因素。

(3)企业规模的零细化。与以上两点紧密相关的是企业规模问题。"轻、小、民"曾经是长三角、珠三角一些地区的企业结构特征。"轻"是指轻工业,"小"是指小企业,"民"是指民营经济。这个特征与体制转型的由表入里、工业化进程由轻到重的过程相吻合。"轻、小、民"的经济结构(产业结构和企业组织结构及所有制结构)在工业化初期和中期,以及在体制转型的初期和中期都具有很好的要素资源结构的耦合性。但是当工业化进程进入更高阶段,制度转型也进入更深入的阶段时,特别是当宏观经济形势出现大的波动时,劳动密集型的中小企业就显现出了对动荡的经济形势的不适应性。在后发的工业国和发展中国家中,中小企业的企业数比重都会超过 90%,甚至更高。在浙江省,这一比重达到了 99%。但随着经济的发展,特别是经过多次危机的"大浪淘沙"后,这一比重会不断降低,北美、西欧的大规模企业主导的市场主体结构,就是在经历了多次经济危机的"大浪淘沙"后形成的。在经济危机中,或者说,在萧条到来时,小企业总比大企业更缺乏抵抗能力,这是一个事实。因此,推动企业规模不断扩大,不仅是为了获得规模经济上的收益,也是为了抵抗市场风险。

(4)发展主要依靠对市场的平面扩张而非技术进步。由于受要素资源结构的影响和处于转型经济的特定历史时期等外部条件的影响,中国沿海发达地区,如珠三角和长三角等地区的中小企业快速成长的主要动力是需求拉动,即依靠企业对市场的平面扩张来获得发展的动力。它们重视价格竞争,而轻视品质竞争;对市场营销能力的培育和投入远远大于对技术进步的投入;从国内区域市场扩张到全国市场,再扩张到国际市场,企业规模也因此而持续扩大。但说到底,这是属于数量的扩张,由于缺乏技术储备,企业成长基本是市场依赖型的,一旦经济发展遇到拐点,市场出现大规模的动荡,危机就不可避免。

8.2　制定区域发展方式转型和产业结构优化升级的路线图

对于如何应对当前中国经济发展中出现的问题,人们似乎已经有了共识,那就是加速发展方式的转型和产业结构的优化升级。但是如何进行转型和优化升级?怎样构建发展方式转型和产业结构优化升级的动力机制?能否制定出转型和优化升级的线路图?在这些问题上,传统的解决思路有两种:一种是依靠政府推动,上下统一认识,进行宣传造势,由政府出台相应的产业政策,包括制定产业升级名录和其他配套政策;另一种是依靠市场机制的作用,依靠企业自身的努力。依靠政府推动,是人们熟悉的方法。改革开放以来,各级政府部门一直都是这么做的,但在微观经济决策已经高度分散化的现在,这样做的效果并不明显。依靠市场机制的作用和依靠企业的微观决策去推动经济发展方式的转型,效果也不尽如人意。如前所述,近年来,企业生存,特别是中小企业生存遇到严重危机的,恰好都是国内民营企业最发达的地区,也是市场机制功能相对比较完善的地区,如珠三角及长三角的浙江温州、台州和义乌等地区,而恰恰是在这些地区,出现了产业结构升级和发展方式转型的危机。由此可以证明,至少在现阶段,依靠机能不全的市场机制,或者说不完全竞争的市场,将推进发展方式转型和产业结构升级的任务推向企业的自主判断和努力,是不现实的。我们需要有一种能充分动员政府和社会的资源、为市场主体建构平台、推动经济发展方式转型和产业结构优化升级的新思路(见图8-1)。

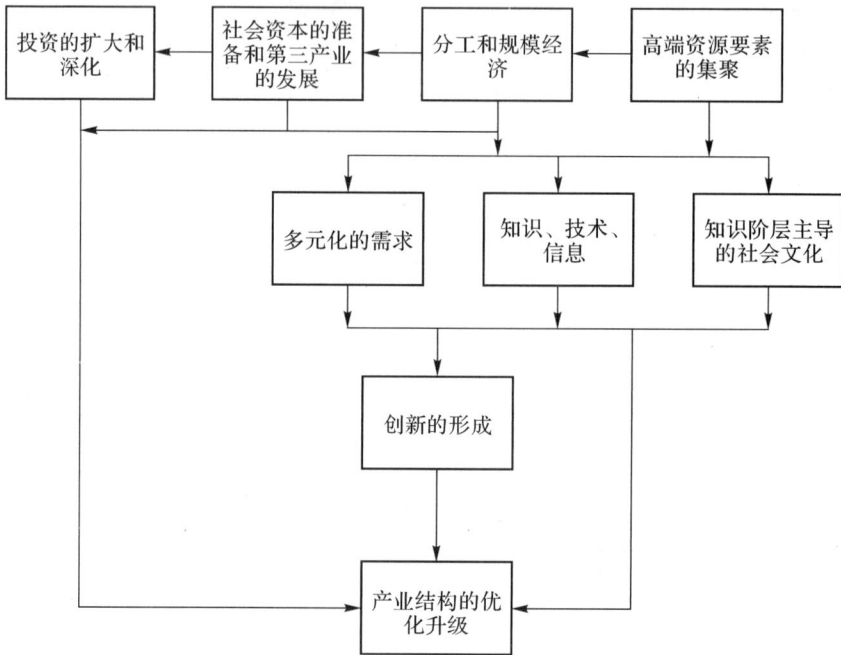

图 8-1　空间结构调整和城市集聚经济与产业结构优化升级的互动机制

8.3　以空间结构调整推进产业结构优化升级

从产业角度看,生产性服务业的发展对于促进制造业服务化有显著的积极作用,而制造业服务化则是产业结构升级的一个重要的表现形式;从空间视角看,生产性服务业及制造业协同定位效应主要体现为产业(制造业和生产性服务业"后台"职能)不断向郊区扩散,表明了中心城市(区)产业结构和城市职能的不断优化升级。因此,可以说生产性服务业与制造业协调发展是产业结构升级的重要途径。

8.3.1　产业结构优化升级需要空间载体

仔细观察中国沿海地区近年来的产业结构升级危机的空间分布,不难发现,在发展方式转型和产业结构优化升级方面遇到较多问题的地区有一个共同点:这些地区基本上都分布于农业工业化地区,或距离大城市、中心城市较远,或缺乏大城市的支持。如浙江的温州、福建的晋江、广东的东莞等,这些地区在改革开放的初期,或者依靠当地民营企业的快速崛起,或者依托境外劳动密集型产业的转移,在有利于集聚外来劳动力的制度的安排下,发展起以劳动密集型产业为主的、产业结构相对单一的集聚经济。但是,一旦到了仅仅依靠劳动力的数量集聚不再能够支撑经济持续发展时,这些地区的发展就遇到了自身难以解决的困难。于是可以推测:产业结构升级必须和空间结构调整紧密联系起来考虑才有意义。

转变经济增长方式的核心是产业结构优化升级,产业结构优化升级有两种方式:一种是沿产业链的升级。总需求约束下的现代产业链是一条"微笑"曲线,最中间是制造业,左边是研发,右边是销售。沿产业链的升级,要从制造向研发、销售方向升级,如加大研发力度、进行品牌策划、构建销售网络、强化售后服务等。从发展服务业、发展研发产业来推动产业结构的升级,从制造业走向现代服务业。另一种是跨产业链的升级,如从纺织服装等劳动密集型产业向电子通信设备制造业、装备制造等资本密集型和技术密集型产业转型。这两种升级的方式都需要资源支撑。从制造业升级的角度讲,第一是需要第三产业的发展环境和相关的配套服务,第二是需要资本、人才、知识和技术等高端资源的支持,第三是需要相应的文化环境的支持。而具备这些环境和资源,是需要空间因素支持的,而中外现代经济发展事实证明,只有城市或靠近城市特别是大城市的地区,即多种要素集聚、交通条件便利、多种文化汇聚的地方才能提供这样的支持。

从长三角近年来产业结构升级转型的趋势看,苏南地区的制造业的结构升级显然快于浙江省,特别是浙南地区,而苏南地区的城市化程度也高于浙南地区。这不是一个巧合,生产性服务业的比重和城市化比重常常是高度相关的。也就是说,城市化是生产性服务业与制造业的空间协调发展演化为产业结构升级的路径和平台。反过来说,要推进产业结构优化和升级,就必须关注城市化进程中与之匹配的产业空间结构调整。

和工业化进程的阶段性一样,城市化也有三个阶段,开始是中小城市发展,然后是大城市发展,最后是城市圈和城市带的发展。长三角和珠三角地区在工业化初期,也就是 20 世纪 80 年代和 90 年代时期,提出发展中小城镇城市化战略,这些中小城镇为各类乡镇企业和民营中小企业的发展提供了空间支撑,当时的一些"专业镇"和"块状经济",就是在这个背景下出现的。但是随着工业化的发展,这些发展空间的局限性也开始显现出来,特别是那些远离中心城市和大城市,且产业特征单一的专业化产业区,其存在资源的单一性和信息交流的高度同质性,因此很难为产业结构升级提供更多的知识和技术支撑。如果说在工业化的初期,类似于小城镇这样的空间载体是可以与此阶段匹配的话,那么到了工业化的中后期,显然就勉为其难了。

由此可见,要加快推进产业结构的优化升级,需要同时提高生产性服务业与制造业的空间协调性,加快发展包括城市圈在内的新型城市化,为产业优化升级和企业扩张提供空间载体。

8.3.2　城市集聚经济是推动产业结构优化升级的动力

由第 5 章的分析可以知道,城市规模对于生产性服务业与制造业的协同定位有着显著影响,也就是说,两者之间的空间互动通过城市集聚经济作用于产业结构的升级,因此大城市及城市圈比中小城镇更有利于企业发展的转型和产业结构的优化升级,其主要原因如下:

(1)分工和规模经济。企业要形成竞争力,关键因素之一就是提高规模经济。规模经济可以从两个方面提高企业和产业竞争力,第一是降低单位成本,第二是深化专业化分工。全球化背景下的国际经济特征是要素流动的加速和产业集聚的形成,包括产业和资本、人才和知识在特定空间的集聚。产业集聚有两种形式:一种是块状经济,又称专业化产业区,如浙江绍兴的纺织品产业集聚、嵊州的领带产业集聚、诸暨的袜业产业集聚等,专业化产业区的集聚虽然也能形成规模经济,但是由于这种集聚是单一资源的集聚,容易受产品和产业生命周期的影响,一旦要素结构或者市场发展变化,就很容易衰退;第二种是城市集聚,相较于专业化产业区,城市集聚的水平更高,规模效应也更大,特别是在分工的形成和深化方面,城市的集聚经济具有更大的优势。最典型的是,城市特别是大城市由于产业门类齐全和发达,以及专业人才齐备,能够提供细化的有效率的生产性服务业与制造业间的分工框架,包括产业链上的分工和产业间的分工,进而实现各专业层面上的规模效率提高和学习效率提高,推动技术进步。

(2)多元化的集聚经济的优势。专业化产业区,或者块状经济具有集聚效应,但是由于集聚元素,包括产业、人才和文化的单一性,缺乏多元化的知识和产业的交流和融合。对于技术和知识的进步和创新来说,多元化是非常重要的因素,浙江很多地区都碰到了发展的瓶颈。其主要原因就是一元化发展,一元化发展虽然在短期内能够形成发展特色,但是很容易受到发展周期和市场周期的影响。任何产业都会有发展的阶段性,都会有发展周期,但是如果是一个多元、复杂、自组织的体系,就能够进行自我调整。多元化还是创新的源泉。传统的观念认为制度、知识和人才是创新的源泉,但是国际上对创意产业的研究表明,创新首先来自于多元化,只有多元文化交融、碰撞才会有创新。一些空间经济学家和城市经济学家也表明了同样的观点。迄今为止,国际上多数创新,大多来自发达国家的大城市,如纽约、巴黎、伦敦、东京,这些城市不仅经济发达,而且是多元文化的熔炉。只有城市,特别是大城市和城市圈,才能将具有不同知识结构的群体、不同消费层次的社会阶层、不同的产业,结合在一个空间中,进而大大节约信息传播的成本,形成知识集约利用的外部性,形成创新的源泉。所以相较于一元化的块状经济,多元化的城市的集聚经济更具有创新特征和抗周期的能力。

(3)社会文化上的优势和先进性。在市场经济或者准市场经济环境下,发展方式转型和产业结构升级在很大程度上取决于微观主体的决策,而微观主体的决策则不仅和企业发展的内在经济规律有关,而且和企业自身的文化,特别是企业家的文化有关。如浙江省南部地区和珠三角地区的民营企业家在产业结构升级方面的迟钝性,不仅与这些企业在规模经济、技术储备、市场开拓、信息掌控方面存在着各种各样的问题有关,而且与这些企业和企业家的成长路径有关。以浙江温州地区的民营企业为例,迄今为止,由于发展的路径依赖和环境影响,在多数地处传统的农业地区的民营企业中主导发展的依旧是一种农耕文化主导的工业化思路。在这种文化导向下,企业家的决策很容易受单一的短期财富取向的价值观支配,对短期财富的追求会远远大于对技术、知识以及其他多元化价值的追求。因而常常会在发展的长期安排上缺乏远见和创新,在过了工业化的初期阶段而进入更高的发展阶段时,这种脱胎于传统的农耕文化的财富取向的企业文化和价值观在很大程度上就会成为企业发展转型和产业结构升级的阻力。在发达国家,或者在城市化发达的地区,我们会发现有更多的多元化的价值取向,这种多元化的价值取向常常是由城市知识阶层主导的,由此形成的企业文化就可能在企业发展和产业升级以及技术进步方面显示更多的可塑性。

(4)高端资源集聚的优势。高端资源,主要是指技术、知识、人才和信息。随着经济的发展,要素资源的集合在不断扩充,除了传统的资本和劳动,技术、知识、人才和信息成为更加重要的因素,这些因素就是高端资源。它们是经济发展的控制性资源,这些资源常常集聚在城市,特别是集聚在大城市,这些资源的流动有内在的自主性,相较于传统农业地区和中小城市,特大城市、大城市和中心城市在吸引技术、人才、知识、信息集聚方面更有优势。

8.4 城市集聚经济推动产业结构优化升级的内生机制

为什么只有城市集聚经济才能为产业结构的优化升级提供有利的空间环境？高端资源、多元化的集群,以及城市知识阶层主导的多元文化的价值观等因素是如何带动产业结构的调整和升级的？

首先,高端资源的集群,能够形成高端的需求和供给。高端资源,包括人才、技术、知识和信息集聚不但是产业升级和技术进步的供给资源,而且能够产生具有规模经济的高端需求和多元化的需求。一般来讲,中低收入群体的需求基本上属于温饱型和温饱以上的。他们的需求是比较单一和缺乏弹性的,对应的产品结构是以大宗产品和基本生活品为主的,需求导向是数量优先的。随着经济的发展,财富和知识的增加,需求就会多元化。比如说,对音乐的爱好、对哲学的爱好、对文学的爱好、对国际政治经济知识的爱好,主要产生于以知识阶层为主的具有中等收入以上的社会阶层。这些阶层大多数集聚于城市,城市集聚的人口越多,产生的多元化需求就越多,就越能从需求和供给两个方面影响和推进产业结构的升级。此外,由于大量高端资源在城市集聚,以及城市自身可能形成多元化的集聚,专业化分工的规模经济效应和创新产生的概率也大大提高,从而有了产业结构升级和技术进步、知识进步的现实可能性。在市场经济环境下,仅仅一般地谈论产业结构升级是不行的,必须研究如何形成推动产业结构升级的需求和供给的环境和条件,要形成这样的环境和条件就要推动城市集聚经济发展,发展中心城市,发展核心城市,发展城市圈和城市带。

许多事实证明,高端人才的集聚需要有相应的文化环境,一般只能集聚于大城市、中心城市和核心城市。浙江许多地处传统农业地区的民营企业在激烈的市场竞争中,也曾感到高端资源的短缺带来的发展瓶颈,也曾设法以市场手段购买高端资源,但是由于不具备良好的生活环境和现代服务业的配套设施,包括居住、交通、教育、文化、医疗、休闲等只有中心城市、大城市才能提供的良好的环境条件,因此,很难长时间地吸引高端人才在这些企业工作,因而也影响了这些企业的转型和发展。

其次,城市的发展、大量的要素资源的集聚和多样化需求的产生,从而促使产业分工细化和规模经济发展,从而促进了第三产业迅速发展。一般来说,生产性服务业只能依托城市才能较快地发展,因为只有在城市,生产性服务业才能获得较好的规模经济和范围经济效应。而生产性服务业的发展以及城市环境建设所必需的社会资本的投入又会带来投资的扩大和深化,从需求的角度进一步促进产业结构的优化升级。

8.5　如何以推进城市化进程带动产业结构升级

产业结构的优化升级必须以加快空间结构调整、积极推进城市化进程为抓手。

第一,要积极推进中心城市及城市圈的发展,加快城市整合。在现阶段,城市化进程已经不是发展中小城市,也不是单纯地发展大城市、特大城市,而是积极推进城市圈、城市带的发展,以及在这些地带率先实行城市一体化的新型城市化。尽管在欧洲许多国家,中小城市构成了这些国家城市化的主要内涵,但是在快速便捷的高速公路和铁路的串联下,这些中小城市已经不是传统意义上城市化初级阶段的城市形态,而是城市群和城市带。在中国,特别是在东部沿海地区,由于人口密集度更高以及由此产生的土地集约使用的必要性,整合中小城市,发展以大城市和特大城市为中心的城市圈、城市带应该是城市化发展的方向。城市圈和城市带的发展包括五个基本环节:①形成以城市圈、城市带为单位的整体发展规划;②加紧建设适合城市圈、城市带发展的制度;③强化和优化中心城市的建设;④强化和优化大城市、中心城市周边的中小城市或专业化功能卫星城市的建设;⑤加快建设快速便捷的交通网络。所谓的空间结构调整,其中心意思就是这个。如在浙江省,就应加快推动杭州、宁波、温州等大城市的生产性服务业(制造业)的发展,以此为核心,带动相邻地区制造业(生产性服务业)的发展,再带动整个城市圈的发展,这就是空间结构调整的关键所在。

第二,要把优化城市环境作为推进生产性服务业和制造业空间协调进而实现产业结构升级的重要手段。产业结构优化升级的动力之一是高端要素资源如技术、知识、人才和信息的集聚。这需要好的城市环境,包括好的制度环境、好的城市定位和好的发展环境,具备这些条件才能够吸引知识和人才,知识和人才集聚能够改变城市的文化状态,进而形成发展和创新的氛围,并推进高端需求的产生和产业分工的深化,形成产业结构升级的动力,带动整个区域的发展。如近年来,杭州市的产业结构升级和空间结构调整是做得比较好的,特别是在发展高科技产业、文化创意产业和现代服务业方面,都得到了较好的发展。这和杭州市确定"打造生活品质之城"的发展定位和发展战略,积极推进城市环境建设有密切的关系。

第三,以城市发展为平台,推动生产性服务业和城市的互动发展。城市发展和产业结构优化升级的第二个动力是生产性服务业的发展,无论是城市圈的建设,还是优良的城市环境的建设都需要发展生产性服务业。轨道交通和高速公路,物流枢纽、通信设备和网络的现代化,以及金融网络的形成等是城市圈、城市带形成的基本条件;城市社区服务的改善,休闲娱乐设施的建设和发展,城市住宅交通以及其他公共设施等社会资本的建设,文化、旅游、教育、医疗、科技、环保事业以及安全服务等第三产业的发展是城市环境建设必不可少的条件,由此在城市发展和产业结构优化升级方面形成互动机制,推动产业结构的升级和发展方式的转型。

第四,要形成生产性服务业与制造业互动发展的格局。在空间上,形成生产性服务业集聚与制造业集聚相协调的格局,如前者在城市圈中心城市集聚,而后者则在城市圈周边中小城市集聚。依托城市圈的交通、通信和金融以及多种社会服务网络,形成有竞争力的广域产业集聚或称城市圈产业集聚,对企业来说,就是形成控制中心、研发中心的集聚和制造部门的离散,由此形成优化的产业空间布局和合理的产业链分工,推动产业转移,带动产业结构的优化升级。

第9章 结论及展望

9.1 主要结论

在回顾了关于产业层面及空间层面上生产性服务业与制造业协调发展的理论基础、发生机制以及协调效果的相关文献后,概括了协调发展的三条途径,即生产性服务外部化、制造业服务化①、空间协同定位,并得出了有待解决的几个方面的问题:第一,理论基础上,对生产性服务外部化这一路径的研究相对比较充分,而对制造业服务化及空间协同定位的研究仍然比较薄弱。社会网络理论在很大程度上为我们把握制造业服务化的发生机制提供了理论工具,对制造业企业服务化前后其网络位置变化的研究为评价制造业服务化这一路径的协调效果提供了新的方向。第二,现有的研究仅仅从产业层面采用基于投入—产出表的关联度评价方法存在不足,需要探究空间层面评价协调程度的方法。第三,协调发展意味着同时进行双向互动,因此以往文献用传统的单方程的回归模型来解释这种关系就存在问题。第四,生产性服务业都存在服务半径,不像制造业区位能够服务全球范围②,因此以传统的不考虑空间尺度的产业集聚指标来计算生产性服务业的区位是不妥的。本书的研究在一定程度上解决了上述问题,得出了如下主要结论:

(1)生产性服务业和制造业存在协同定位,但是生产性服务业受制造业区

---

① 协调或协同不仅表示相互促进而发展,也意味着两者在发展的过程中缺一不可。生产性服务外部化这一路径能够促进生产性服务业和制造业协调发展,但这并不是协调发展的唯一路径。本书认为,曾被广泛关注的"制造业企业服务化"这一现象同样体现了协调发展的概念。

② 这是一种可能性,不是必然性。

位影响的程度小于其对制造业分布影响的程度。这是由于传统制造业生产能力急剧膨胀和实物产品全面过剩，导致产品利润率持续下降，知识密集型的生产性服务业就成了企业构成产品差异和决定产品增值的基本要素，因而，与其他物质投入相比，制造业更加依赖生产性服务业这种中间投入品。但是反过来却不同，生产性服务业不仅仅是制造业的中间投入品，它们之间也是互为中间投入品的，这也就决定了生产性服务业虽然依赖制造业，但不完全受制于它。从都市圈层面对生产性服务业区位和制造业区位协调性的评价，也证实了这种不对称性：一个地区生产性服务业区位的提升（或衰退）对邻近地区制造业区位的提升作用（或负作用）大于该地区制造业区位的提升（或衰退）带来的邻近地区生产性服务业区位的改善（或恶化）。

（2）不同的空间维度下，生产性服务业与制造业的空间协调发展受不同因素影响。首先，在都市圈范围中，两者的协同定位效应受城市规模及交易成本影响：①从比较优势的角度来看，小规模城市具有制造业的比较优势，而大规模城市则具有生产性服务业比较优势，因此城市规模对本地确定产业发展优先顺序进而引导大范围内生产性服务业与制造业的协同定位有着重要影响。反过来说，城市发展的先后顺序又决定了大规模城市（或市区）的生产性服务业区位和制造业区位会普遍高于小规模城市（城郊地区），因而大规模城市（或市区）生产性服务业的集聚会推动相邻地区制造业的集聚，而小规模城市（城郊地区）相对薄弱的制造业就无法为生产性服务业集聚提供基础。②交易成本的降低会引起不同性质的协同定位，制造业交易成本（运输成本）的降低是通过推动制造业靠近生产性服务业发达的地区来实现的，而生产性服务业交易成本（通信成本）的降低则是通过推动生产性服务业向城市中心（具有丰富的知识密集型劳动力）集聚来实现的。其次，在单个城市范围内，劳动力的空间分化通过对企业规模的影响促进生产性服务业与制造业的空间协调。通过计算知道，生产性服务业大规模企业的集聚程度超过小规模企业，而这在制造业中却是相反的，这就意味着劳动力的空间分化影响了生产性服务业和制造业的分布格局：市中心具有规模经济和范围经济的生产性服务企业生产更高端、更个性化的服务，而郊区的小企业则为周边的商业及居民提供标准化的服务产品；小规模制造业企业定位在中心地区来运输标准化产品，而大规模的制造业生产在城郊地区进行。

（3）通过对都市圈及都市两个空间维度下生产性服务业与制造业空间协调发展的分析，能够对目前生产性服务业集聚而制造业扩散这一现象进行一定程度的解读。首先,目前国内运输水平较为发达,而通信水平较为落后,难以大幅度降低的运输成本决定了制造业的扩散,而通信成本的不断降低提升了生产性服务业的集聚程度。其次,生产性服务业的地均产出高于制造业,其对土地成本的较高承受力导致了大规模的生产性服务业企业能够在中心集聚。并且,这种现象具有累积循环效应,生产性服务业企业在中心的集聚会产生外部性并进一步降低其交易成本(通信成本),进而提升对地均产出的要求,从而巩固其集聚趋势。最后,由于规模经济上的差异,生产性服务业企业为了获得规模经济会选择在城市中心地区布局,以最小化员工通勤成本快速覆盖整个城市市场,而制造业企业则会选择在城郊地区布局,以获得临近的廉价劳动力和土地资源。

(4)基于距离的行业集聚程度分析表明,生产性服务业所有细分行业的企业是显著集聚的,但是由于各个细分行业的服务半径存在差异,集聚特征在不同行业之间存在明显差异:行业服务半径较长或高度依赖外部性,就会在较小的空间尺度下就达到集聚的峰值;反之,对面对面信息交流依赖程度较低的行业,或服务半径较短,或对外部性没有强烈的依赖,会在较大的空间尺度下才达到集聚峰值。而正是这种细分行业间的差异,决定了:①在都市圈空间内,依赖面对面接触的生产性服务业细分行业,无法跨越城市范围与相邻地区的制造业产生互动,而远程通信技术则不受限制,可以与相邻地区的制造业频繁地互动。因此,前者与制造业的局域空间相关性大多是负相关的,而后者与制造业的局域空间相关性大多是正相关的。②都市空间内,生产性服务业与制造业的"互补性"协调和"挤出性"协调是并存的。一方面,诸如商务服务业和计算机应用服务业等知识密集型的生产性服务业能够与制造业在空间上临近分布,从而通过互补性质的互动来实现协调发展;另一方面,劳动密集型的生产性服务业则不需要与制造业相邻分布,就能通过挤出性质的互动来实现城市空间结构的调整,及空间层面的协调发展。

9.2　政策建议

本书的结论对于各城市和地区制定区域规划和产业发展规划具有一定的指导意义。

(1)在各地对本地区的比较优势日益重视的背景下,政府应采取差异化的产业发展政策来强化协同定位效应,这对于优化整个产业的空间布局并加强各地区的竞争优势具有重要意义。鉴于不同产业的引领作用与城市规模之间的匹配性,现今许多城市采取的"退二进三"政策,虽然有其合理性,但不是对每个城市和地区都适用的,具有不同功能和战略定位指向的城市决策层应该结合其城市发展阶段,确定是生产性服务业发展引领制造业空间集聚还是制造业发展带动生产性服务业集聚,从而合理安排产业发展的优先顺序。

(2)生产性服务业和制造业的协同定位依赖区域经济环境因素,也就是说,其背后的累积循环机制可能是都市圈经济。在都市圈范围内,大城市要推进制造业转型升级,政策应首先关注生产性服务业的集聚,而中小城市则首先要建立制造业的集群,才能推动生产性服务业集聚,促进生产性服务业和制造业协调发展。

(3)对不同产业交易成本的关注,可以达到有限促进该产业集聚,从而以该产业为引领推动生产性服务业和制造业协同定位。这为各地制定产业发展顺序的政策提供了有力的市场引导工具。

(4)在城市内部,生产性服务业和制造业的互补效应和挤出效应并存,使得当地政府能够通过制定相应的产业引导政策来引导城市内部合理的产业结构调整,如引导商务服务业和计算机应用服务业等知识密集型的生产性服务业与制造业在空间上的临近分布,从而通过互补性质的互动来实现协调发展。

(5)把城市化作为推进生产性服务业和制造业空间协调进而实现产业结构升级的重要途径。产业结构优化升级的动力之一是高端要素资源如技术、知识、人才和信息的集聚。这需要好的城市环境,包括好的制度环境、好的城市定位和好的发展环境,具备这些条件才能够吸引知识和人才。知识和人才集聚能够改变城市的文化状态,进而形成发展和创新的氛围,并推进高端需求的产生和产业分工的深化,形成产业结构升级的动力,带动整个区域的发展。

9.3　对未来研究的展望

尽管本书基本达到了原先预期的研究目标,也获得了一些笔者认为比较有价值的研究结论,但由于笔者的学术知识有限,研究工作仍然存在许多不足,得出的研究结论可能受到如下三个方面因素的限制,这也为未来的研究指明了方向。

（1）对生产性服务业与制造业协调发展的定义。本书对两者协调性的评价，是通过 Moran's I 指数和 M 函数两个空间关联指标来反映的。根据我们对协调发展的定义和对协调发展经济—空间二维性的界定，对协调发展的测度应该既有对协调发展空间关联性的讨论，也有对协调发展经济关联的讨论。但在本书中，笔者对空间层面的讨论较多，而对产业层面的讨论较少。一方面是由于指标体系本身的缺陷，如对经济上关联的讨论在国际经济学理论中，往往是通过投入产出关系来反映的，但在国内地区间这方面的数据却是无法得到的，仅能够获得省级层面的数据，因此无法进行具体衡量；另一方面是由于生产性服务业与制造业协调发展的理论尚在探索阶段，如何将产业维度与空间维度的分析纳入一个框架中仍有待深入探讨。

（2）在协同定位效应形成的微观理论框架中仅考虑了产业间垂直关联的影响。在本书第 4 章和第 5 章的实证分析中，考虑了生产性服务业与制造业具有的差异化的劳动力市场，也证实了分化的劳动力市场对协同定位效应的影响，但在建立理论框架时未将劳动力的分化纳入分析框架中。另外，考虑到我国的实际情况，政府的政策导向往往会影响产业集聚的发展和演进，因此，如果能在现有框架中增加政府因素，将会大大增加本研究的解释力。

（3）对形成空间结构调整及城市产业结构升级的讨论中，本书考察了生产性服务业与制造业的空间协调发展对形成城市空间结构调整，并最终促进产业结构升级的影响，但这仅仅提供了一个方向性的研究思路，欠缺对产业结构升级定义及度量的考虑。并且，在整个讨论过程中，都以空间结构调整作为讨论的出发点，但产业结构升级研究，不仅涉及以都市、都市圈为主要参考系数的空间上的调整，而且涉及对产业多样性和地区间溢出效应的研究。这也暗合了在第一点中提到的问题，是未来研究的方向之一。

参考文献

[1] 包群,阳佳余.金融发展影响了中国工业制成品出口的比较优势吗[J].世界经济,2008,31(3):21-33.

[2] 毕斗斗.生产服务业演变趋势研究[D].广州:中山大学,2005.

[3] 陈建军,陈国亮,黄洁.新经济地理学视角下的生产性服务业集聚及其影响因素研究[J].管理世界,2009(4):83-95.

[4] 陈建军,胡晨光.产业集聚的集聚效应——以长江三角洲次区域为例的理论和实证分析[J].管理世界,2008(6):68-83.

[5] 陈良文,杨开忠.集聚与分散:新经济地理学模型与城市内部空间结构、外部规模经济效应的整合研究[J].经济学(季刊),2007,6(1):53-70.

[6] 陈前虎,徐鑫,帅慧敏.杭州城市生产性服务业空间演化研究[J].城市规划,2008,32(8):48-52.

[7] 陈宪,黄建锋.分工、互动与融合:服务业与制造业关系演进的实证研究[J].中国软科学,2004(10):65-71.

[8] 陈秀山,徐瑛.中国制造业空间结构变动及其对区域分工的影响[J].经济研究,2008,43(10):104-116.

[9] 程大中.中国生产性服务业的水平、结构及影响——基于投入—产出法的国际比较研究[J].经济研究,2008,43(1):76-88.

[10] 崔岩,臧新.日本服务业与制造业对外直接投资的比较和关联性分析[J].世界经济研究,2007(8):80-85.

[11] 费方域,李靖,郑育家,等.企业的研发外包:一个综述[J].经济学(季刊),2009,8(3):1107-1162.

[12] 冯宝轩.基于社会网络理论产业集群升级理论及其实证研究[D].长春:吉林大学,2008.

[13] 冯泰文.生产性服务业的发展对制造业效率的影响——以交易成本和制造成本为中介变量[J].数量经济技术经济研究,2009,26(3):56-65.

[14] 傅十和,洪俊杰.企业规模、城市规模与集聚经济——对中国制造业企业普查数据的实证分析[J].经济研究,2008,43(11):112-125.

[15] 高凌云,王永中.R&D溢出渠道、异质性反应与生产率:基于178个国家面板数据的经验研究[J].世界经济,2008,31(2):65-73.

[16] 高越,李荣林.分割生产与产业内贸易:一个基于DS垄断竞争的模型[J].世界经济,2008,31(5):13-23.

[17] 格鲁伯,沃克.服务业的增长:原因与影响[M].上海:上海三联书店,1993.

[18] 格罗鲁斯.服务管理与营销:基于顾客关系的管理策略[M].2版.北京:电子工业出版社,2004.

[19] 顾乃华,毕斗斗,任旺兵.生产性服务业与制造业互动发展:文献综述[J].经济学家,2006(6):35-42.

[20] 顾乃华.生产服务业、内生比较优势与经济增长:理论与实证分析[J].商业经济与管理,2005(4):34-39.

[21] 顾乃华.生产性服务业对工业获利能力的影响和渠道——基于城市面板数据和SFA模型的实证研究[J].中国工业经济,2010(5):48-58.

[22] 顾乃华.我国服务业对工业发展外溢效应的理论和实证分析[J].统计研究,2005,22(12):9-13.

[23] 郭文杰,李泽红.劳动力流动、服务业增长与经济结构转换:基于中国省际面板数据的实证研究[J].数量经济技术经济研究,2009,26(11):51-62.

[24] 何大安.投资流向与结构调整、结构升级的关联分析[J].经济研究,2001,36(11):45-51.

[25] 胡向婷,张璐.地方保护主义对地区产业结构的影响——理论与实证分析[J].经济研究,2005,40(2):102-112.

[26] 胡晓鹏,李庆科.生产性服务业与制造业共生关系研究——对苏、浙、沪投入产出表的动态比较[J].数量经济技术经济研究,2009,26(2):33-46.

[27] 黄洁.垂直解体与低运输成本下的产业集聚间分工研究[D].杭州:浙江大学,2009.

[28] 吉昱华,蔡跃洲,杨克泉.中国城市集聚效益实证分析[J].管理世界,2004(3):67-74.

[29] 江静,刘志彪,于明超.生产者服务业发展与制造业效率提升:基于地区和行业面板数据的经验分析[J].世界经济,2007,30(8):52-62.

[30] 江静,刘志彪.政府公共职能缺失视角下的现代服务业发展探析[J].经济学家,2009(9):31-38.

[31] 江小涓,李辉.服务业与中国经济:相关性和加快增长的潜力[J].经济研究,2004,39(1):4-15.

[32] 江小涓.服务全球化的发展趋势和理论分析[J].经济研究,2008,43(2):4-18.

[33] 江小涓.服务外包:合约形态变革及其理论蕴意——人力资本市场配置与劳务活动企业配置的统一[J].经济研究,2008,43(7):4-10.

[34] 李诚固,韩守庆,郑文升.城市产业结构升级的城市化响应研究[J].规划研究,2004,28(4):31-36.

[35] 李诚固,黄晓军,刘艳军.东北地区产业结构演变与城市化相互作用过程[J].经济地理,2009,29(2):231-236.

[36] 李诚固,郑文升,李培祥.中国城市化的区域经济支撑模型分析[J].地理科学,2004,24(1):1-6.

[37] 李诚固,郑文升,王晓芳.我国城市化与产业结构演变的互动变化趋势研究[J].人文地理,2004,19(4):50-54.

[38] 李冠霖.第三产业投入产出分析[M].北京:中国物价出版社,2002.

[39] 李江帆,毕斗斗.国外生产服务业研究述评[J].外国经济与管理,2004,26(11):16-19.

[40] 李平,随洪光.三种自主创新能力与技术进步:基于 DEA 方法的经验分析[J].世界经济,2008,31(2):74-83.

[41] 李小平,卢现祥.中国制造业的结构变动和生产率增长[J].世界经济,2007,30(5):52-64.

[42] 李元旭,王宇露.东道国网络结构、位置嵌入与海外子公司网络学习——基于 123 家跨国公司在华子公司的实证[J].世界经济研究,2010(1):63-69.

[43] 梁琦,钱学锋.外部性与集聚:一个文献综述[J].世界经济,2007,30(2):84-96.

[44] 林民盾,杜曙光.产业融合:横向产业研究[J].中国工业经济,2006(2):30-36.

[45] 刘春霞,朱青,李月臣.基于距离的北京制造业空间集[J].地理学报, 2006,61(12):1247-1258.

[46] 刘春霞.产业地理集中度测度方法研究[J].经济地理,2006,26(5): 742-747.

[47] 刘继国,李江帆.国外制造业服务化问题研究综述[J].经济学家,2007(3): 119-126.

[48] 刘继国.产出服务化战略:维度,研究假设及其管理含义[J].湖北经济学 院学报,2007,5(4):101-106.

[49] 刘培林,宋湛.经济普查揭示的"秘密":服务业是一个"昂贵"的产业 [C].林毅夫发展论坛讨论稿,2006.

[50] 刘培林,宋湛.服务业和制造业企业法人绩效比较[J].经济研究,2007, 42(1):89-101.

[51] 刘伟,李绍荣,黄桂田,盖文启.北京市经济结构分析[J].中国工业经济, 2003(1):23-30.

[52] 刘伟,李绍荣.产业结构与经济增长[J].中国工业经济,2002(5):14-21.

[53] 刘志彪.发展现代生产者服务业与调整优化制造业结构[J].南京大学学 报,2006,43(5):35-44.

[54] 卢锋.当代服务外包的经济学观察:产品内分工的分析视角[J].世界经 济,2007,30(8):23-35.

[55] 逯宇铎,于娇,刘海洋.集聚经济是否影响了企业生命周期——基于企业 退出行为视角[J].财经科学,2013(10):60-70.

[56] 路红艳.生产性服务与制造业结构升级——基于产业互动、融合的视角 [J].财贸经济,2009,30(9):126-131.

[57] 吕拉昌,阎小培.论生产服务业的若干理论问题[J].地理与地理信息科 学,2006,22(6):54-57.

[58] 马歇尔.经济学原理[M].北京:商务印书馆,2014.

[59] 沈坤荣,李剑.企业间技术外溢的测度[J].经济研究,2009,44(4): 77-89.

[60] 盛斌,马涛.中间产品贸易对中国劳动力需求变化的影响:基于工业部门 动态面板数据的分析[J].世界经济,2008,31(3):12-20.

[61] 斯蒂芬·W.劳登布什,安东尼·S.布里克.分层线性模型:应用与数据 分析方法[M].2版.北京:社会科学文献出版社,2007.

[62] 孙军锋,王慧娟.社会网络理论视角下的客户保持策略[J].中外企业家,2006(11):64-67.

[63] 藤田昌久,保罗·克鲁克曼,安东尼·J.维纳布尔斯.空间经济学——城市、区域与国际贸易[M].北京:中国人民大学出版社,2005.

[64] 涂正革,肖耿.中国大中型工业的成本效率分析:1995~2002[J],世界经济,2007,30(7):47-55.

[65] 王玲,Adam Szirmai.高技术产业技术投入和生产率增长之间关系的研究[J].经济学(季刊),2008(3):913-932.

[66] 王荣艳,齐俊妍.东亚生产者服务与商品的贸易模式研究:基于制造业生产分割框架的探析[J].世界经济,2009,32(2):23-36.

[67] 吴福象,刘志彪.城市化群落驱动经济增长的机制研究——来自长三角16个城市的经验证据[J].经济研究,2008,43(11):126-136.

[68] 吴延兵.中国工业 R&D 产出弹性测算(1993—2002)[J].经济学(季刊),2008,7(3):870-891.

[69] 吴延兵.自主研发、技术引进与生产率——基于中国地区工业的实证研究[J].经济研究,2008,43(8):51-64.

[70] 吴智刚,段杰,阎小培.广东省生产性服务业的发展与空间差异研究[J].华南师范大学学报(自然科学版),2003(3):131-139.

[71] 伍德里奇.计量经济学导论[M].北京:中国人民大学出版社,2010.

[72] 夏杰长,刘奕,顾乃华.制造业的服务化和服务业的知识化[J].工业经济,2007(9):54-59.

[73] 徐从才,丁宁.服务业与制造业互动发展的价值链创新及其绩效——基于大型零售商纵向约束与供应链流程再造的分析[J].管理世界,2008(8):77-86.

[74] 徐毅,张二震.FDI、外包与技术创新:基于投入产出表数据的经验研究[J].世界经济,2008,31(9):41-48.

[75] 徐毅,张二震.外包与生产率:基于工业行业数据的经验研究[J].经济研究,2008,43(1):103-113.

[76] 薛立敏.生产性服务业与制造业互动关系之研究[D].台北:台湾中华经济研究院,1993.

[77] 杨勇.中国服务业全要素生产率再测算[J].世界经济,2008,31(10):46-55.

[78] 詹立宇. 台湾地区制造业地理集中情形之观察[J]. 产业金融，2001，115：32-52.

[79] 张明倩，臧燕阳. 产业集聚与新企业进入的计数模型分析[J]. 数理统计与管理，2007，27(2)：297-302.

[80] 张世贤. 工业投资效率与产业结构变动的实证研究：兼与郭克莎博士商榷[J]. 管理世界，2000(5)：79-85.

[81] 张学良. 探索性空间数据分析模型研究[J]. 当代经济管理，2007，29(2)：26-29.

[82] 章元，刘修岩. 聚集经济与经济增长：来自中国的经验证据[J]. 世界经济，2008，31(3)：60-70.

[83] 郑吉昌，夏晴. 论生产性服务业的发展与分工的深化[J]. 科技进步与对策，2005，22(2)：13-15.

[84] 郑吉昌. 服务贸易自由化趋势下中国服务贸易的发展[J]. 社会科学战线，2002(3)：11-17.

[85] 周振华. 产业融合：产业发展及经济增长的新动力[J]. 中国工业经济，2003(4)：46-72.

[86] Acs Z. J., Armington C. and Zhang T. The determinants of new-firm survival across regional economies：the role of human capital stock and knowledge spillover [J]. Papers in regional science, 2007, 86 (3)：367-391.

[87] Agarwal R., Echambadi R., Franco A. M., et al. Knowledge transfer through inheritance：spin-out generation, development and survival[J]. Academy of management journal, 2004, 47：501-522.

[88] Aldrich H. E., Fiol C. M. Fools rush in? The institutional context of industry creation[J]. Academy of management review, 1994, 19(4)：645-670.

[89] Alker H. R. A typology of ecological fallacies[G]. //Dogan M., Rokan S. Quantitative ecological analysis. Cambridge：MIT Press, 1969.

[90] Anderson J. E. A theoretical foundation for the gravity equation[J]. American economic review, 1979, 69(1)：106-116.

[91] Andersson. Co-location of manufacturing & producer services：a simultaneous equation approach[R]. Working paper, 2004.

[92] Anselin L. A companion to theoretical econometrics[M]. Oxford: Blackwell Publishing Ltd. ,2001.

[93] Anselin L. Local indicators of spatial association-LISA[J]. Geographical analysis,1995,27(2):93-115.

[94] Antonelli C. Localized technological change,new information technology and the knowledge-based economy:the European evidence[J]. Journal of evolutionary economics,1998,8(2):177-198.

[95] Baldwin E. R. ,Okubo T. Heterogeneous firms,agglomeration and economic geography:spatial selection and sorting[J]. Journal of economic geography,2006(6):323-346.

[96] Baptista R. ,Mendonca J. Proximity to knowledge sources and the location of knowledge based start-ups[J]. Annals of regional science,2010, 45(1):5-29.

[97] Baptista R. ,Swann P. A comparison of clustering dynamics in the US and UK computer industries[J]. Journal of evolutionary economics, 1999,9:373-399.

[98] Beaudry C. ,Swann P. Firm growth in industrial clusters of the United Kingdom[J]. Small business economics,2009,32(4):409-424.

[99] Beaudry C. Entry,growth and patenting in industrial clusters:a study of the aerospace industry in the UK[J]. International journal of the economics of business,2001,8(3):405-436.

[100] Besag J. Some methods of statistical analysis for spatial data[J]. Bulletin of the international statistical institute,1977,47(2):77-92.

[101] Beyers W. B. Impacts of IT advances and e-commerce on transportation in producer services[J]. Growth and change,2003,34:433-455.

[102] Bhagwati J. N. Splintering and disembodiment of services and developing nations[J]. World economy,1984,7(2):133-144.

[103] Bigelow L. S. ,Carroll G. R. and Seidel M. D. L. Legitimation,geographical scale,and organizational density:regional patterns of foundings of American automobile producers, 1885-1981[J]. Social science research,1997,26(4):377-398.

[104] Boschma R. A. ,Wenting R. The spatial evolution of the British auto-

mobile industry. Does location matter? [J]. Industrial and corporate change,2007,16(2):213-238.

[105] Boschma R. A. ,Lambooy J. G. Knowledge,market structure,and economic coordination:dynamics of industrial districts[J]. Growth and change,2002,33(3):291-311.

[106] Boschma R. Proximity and innovation:a critical assessment[J]. Regional studies,2005,39(1):61-74.

[107] Bosma N. S. The geography of entrepreneurial activity and regional economic development:multilevel analyses for Dutch and European regions[D]. Utrechtl:Utrecht University,2009.

[108] Bottazzi L. ,Peri G. Innovation and spillovers in regions:evidence from European patent data[J]. European economic review, 2003, 47 (4): 687-710.

[109] Bourdieu P. The social space and the genesis of groups[J]. Theory and society,1985,14(6):723-744.

[110] Breschi S. ,Lissoni F. Knowledge spillovers and local innovation systems:a critical survey[J]. Industrial and corporate change,2001,10(4): 975-1005.

[111] Breschi S. ,Lissoni F. Mobility of skilled workers and co-invention networks:an anatomy of localized knowledge flows[J]. Journal of economic geography,2009,9(4):439-168.

[112] Brixy U. ,Grotz R. Regional patterns and determinants of birth and survival of new firms in western Germany[J]. Entrepreneurship and regional development,2007,19:293-312.

[113] Buenstorf G. ,Geissler M. The origins of entrants and the geography of the German laser industry [J] . Papers in regional science, 2011, 90(2): 251-270.

[114] Buenstorf G. ,Guenther C. No place like home? Relocation,capabilities,and firm survival in the German machine tool industry after World War II[J]. Industrial & corporate change,2010,20(1):1-28.

[115] Buenstorf G. ,Klepper S. Heritage and agglomeration:the Akron tyre cluster revisited[J]. Economic journal,2005,119(537):705-733.

[116] Burger M. ,Raspe O. ,Oort F. V. Agglomeration economies and firm performance:a mixed hierarchical and cross-classified model[R]. Working Paper,2008.

[117] Burt R. S. Structural holesl:the social structure of competition[M]. Cambridgel:Harvard University Press,2009.

[118] Cameron A. C. ,Trivedi P. K. Basic count regression[M]. New York: Cambrideg University Press,1998.

[119] Cantwell J. A. ,Santangelo G. D. The new geography of corporate research in information and communications technology(ICT)[J]. Journal of evolutionary economics,2002,12:163-197.

[120] Carlsson B. Industrial dynamics: technological, organizational, and structural changes in industries and firms[M]. Dordrecht:Kluwer Academic Publishers Group,1989.

[121] Cattani G. ,Pennings J. M. ,Wezel F. C. Spatial and temporal heterogeneity in founding patterns[J]. Organization science, 2003, 14 (6): 670-685.

[122] Cefis E. ,Marsili O. Survivor:the role of innovation in firm's survival [J]. Research policy,2006,35(5):626-641.

[123] Jr C. R. M. ,Horne D. A. Restructuring towards a service orientation:the strategic challenges[J]. International journal of service industry management,1992,3(1):25-38.

[124] Coffey W. J. ,Bailly A. S. Producer services and flexible production: an exploratory analysis[J]. Growth & change,1991,22(4):95-117.

[125] Coffey W. J. ,Bailly A. S. Producer services and systems of flexible production[J]. Urban study,1992,29(6):857-868.

[126] Cohen W. M. ,Levinthal D. A. Innovation and learning:the two faces of R &D[J]. The economic journal,1989,99(397):569-596.

[127] Coleman J. S. Social capital in the creation of human capital[J]. American journal of sociology,1988,94:95-120.

[128] Costa C. ,Baptista R. Agglomeration vs. organizational reproduction: the molds cluster in Portugal[Z]. Mimeo. Technical University of Lisbon,2011.

[129] Dahl M. S. ,Sorenson O. The embedded entrepreneur[J]. European management review,2009,6(6):172-181.

[130] Daniels P. W. Service industries:a geographical appraisal[M]. London:Rutledge,2002.

[131] Davies M. M. ,Heineke J. N. Managing services:using technology to create value[M]. New York:McGraw-Hill Book Co. ,2003.

[132] De Vaan M. ,Boschma R. and Frenken K. Localization externalities and modes of exit in project based industries[R/OL]. Working Paper, 2011a. http://mathijsdevaan. com/.

[133] De Vaan M. ,Frenken K. and Boschma R. The downside of social capital in new industry creation[D/OL]. Working Paper,2011b. http:// mathijsdevaan. com/.

[134] Dixit A. K. , Stiglitz J. E. Monopolistic competition and optimum product diversity[J]. American economic review,1977,67(3):297-308.

[135] Duranton G. ,Puga D. From sectoral to functional urban specialisation [J]. Journal of urban economics,2005,57(2):343-370.

[136] Duranton G. ,Puga D. Nursery cities:urban diversity,process innovation,and the life cycle of products[J]. American economic review,2001, 91(5): 1454-1477.

[137] Ellison G. ,Glaeser E. Geographic concentration as a dynamic process [R]. Working Paper,1997.

[138] Ellison G. ,Glaeser E. The geographic concentration of industry:does natural advantage explain agglomeration? [J]. American economic review,1999,89(2):311-316.

[139] Ethier W. J. National and international returns to scale in the modern theory of international trade[J]. American economic review, 2005, 72 (3):389-405.

[140] Figueiredo O. , Guimaraes P. and Woodward D. Home-field advantage:location decisions of Portuguese entrepreneurs[J]. Journal of urban economics,2002,52(2):341-361.

[141] FishbeinB. K. ,Ehrenfeld J. R. and Young J. E. Extended Producer Responsibility:A Materials Policy for the 21st Century[J]. Circulation,

2000,104(11):1-9.

[142] Folta T. B. ,Cooper A. C. and Baik Y. S. Geographic cluster size and firm performance[J]. Journal of business venturing, 2006, 21 (2): 217-242.

[143] Fornahl D. Entrepreneurial activities in a regional context[C]. //Fornahl D. ,Brenner T. Cooperation,networks and institutions in regional innovation systems. Cheltenham:Edward Elgar,2003.

[144] Forslid R. ,Ottaviano G. An analytically solvable core-periphery model [J]. Journal of economic geography,2003,3(3):229-240.

[145] Frenken K. ,Cefis E. and Stam E. Industrial dynamics and economic geography:a survey[R/OL]. Working Paper,2011. http://core. kmi. open. ac. uk/download/pdf/6259080. pdf.

[146] Frenken K. ,Oort F. V. and Verburg T. Related variety,unrelated variety and regional economic growth[J]. Regional studies,2007,41(5): 685-697.

[147] Fritsch M. The effect of new business formation on regional development-Empirical evidence,interpretation,and avenues for further research [J]. Jena economic research papers,2011,57(14):233-237.

[148] Geroski P. A. Exploring the niche overlaps between organizational ecology and industrial economics[J]. Industrial and corporate change, 2001,10(2):507-540.

[149] Glaeser E. L. Entrepreneurship in the city[R]. NBER Working Paper No. W13551,2007.

[150] Goe W. R. Producer services,trade and the social division of labour [J]. Regional studies,1990,24(4):327-342.

[151] Gong H. ,Wheeler J. O. The location and suburbanization of business and professional services in the Atlanta Area[J]. Growth and change, 2002,33(3):341-369.

[152] Granovetter M. S. Economic action and social structure:the problem of embeddedness [J]. American journal of sociology, 1985, 91 (3): 481-510.

[153] Granovetter M. S. The strength of weak ties[J]. American journal of

sociology,1973,78(5):1360-1680.

[154] Grönroos C. Marketing services:the case of a missing product[J]. Journal of business & industrial marketing,1998,13(4):322-338.

[155] Hannan M. T. ,Carroll G. R. ,Dundon E. A. ,et al. Organizational e-volution in a multinational context:entries of automobile manufacturers in Belgium,Britain,France,Germany,and Italy[J]. American sociologi-cal review,1995,60(4),509-528.

[156] Hansen N. Do Producer Services Induce Regional Economic Develop-ment? [J]. Journal of regional science,1990,30(4):465-476.

[157] Harrington Jr. ,James W. ,Campbell Jr. ,et al. The suburbanization of producer service employment[J]. Growth and change, 1997, 28 (3): 335-359.

[158] Heebels B. ,Boschma R. Performing in Dutch book publishing 1880-2008. The importance of entrepreneurial experience and the Amsterdam cluster[J]. Papers in evolutionary economic geography,2010,11(6): 1007-1029.

[159] Holmes T. ,Stevens J. Geographic concentration and establishment scale[J]. The review of economics and statistics,2002,84(4):682-690.

[160] Holmes T. ,Stevens J. Geographic concentration and establishment size:analysis in an alternative economic geography model[J]. Journal of economic geography,2004,4(3):227-250.

[161] Illeris S. The service economy:a geographical approach[M]. Chiches-ter:Wiley,1996.

[162] Khayum M. F. The impact of service sector growth on intersectoral linkages in the United States[J]. Service industries journal,1995,15 (1):35-49.

[163] Klepper S. Disagreements,spinoffs,and the evolution of Detroit as the capital of the U. S. automobile industry[J]. Management science,2007, 53(4):616-631.

[164] Klepper S. Spinoffs:a review and synthesis[J]. European management review,2009,6(3):159-171.

[165] Klepper S. The origin and growth of industry clusters:the making of

Silicon Valley and Detroit[J]. Journal of urban economics,2010,67(1):
15-32.

[166] Koster S. The entrepreneurial and replication function of new firm for-
mation[J]. Tijdschrift voor economische en sociale geografie,2007,98
(5):667-674.

[167] Kotler P. ,Alexander R. G. Design:a powerful but neglected strategic
tool[J]. Journal of business strategy,1984,5(2):16-21.

[168] Krugman P. Scale economies,product differentiation,and the pattern
of trade[J]. American economic review,1980,70(5):950-959.

[169] Lafourcade M. ,Mion G. Concentration,agglomeration and the size of
plants[J]. Regional science and urban economics,2007,37(1):46-68.

[170] Lloyd P. ,Mason C. Spatial variation in new firm formation in the U-
nited Kingdom:comparative evidence from Merseyside,Greater Man-
chester and South Hampshire [J]. Regional studies, 1984, 18 (3):
207-220.

[171] Looy B. V. ,Gemmel P. and Dierdonck R. Services management:an
integrated approach[M]. London:Pearson Education Inc. ,2003.

[172] Lucas Jr R. E. ,Rossi-HansbergE. On the internal structure of cities
[J]. Econometrica,2002,70:1445-1476.

[173] Lucas R. E. Externalities and Cities[J]. Review of economic dynam-
ics,2001,4(2):245-274.

[174] Lucas R. E. ,Rossi-Hansberg E. On the internal structure of cities[J].
Econometrica,2002,70(4):1445-1476.

[175] Lucas S. R. Effectively maintained inequality:education transitions,
track mobility,and social background effects1[J]. American journal of
sociology,2001,106(6):1642-1690.

[176] Macintyre S. ,Maciver S. and Sooman A. Area, class and health:
should we be foucing on places or people? [J]. Journal of social policy,
1993,22:213-234.

[177] Maine E. M. ,Shapiro D. M. and Vining A. R. The role of clustering
in the growth of new technology-based firms [J]. Small business eco-
nomics,2010,34(2):127-146.

[178] Malerba F. Innovation and the dynamics and evolution of industries: progress and challenges [J]. International journal of industrial organization, 2007, 25(4):675-699.

[179] Marcon E. , Puech F. Evaluating the geographic concentration of industries using distance-based methods[J]. Journal of economic geography, 2003(3):409-428.

[180] Markusen J. R. Trade in producer services and in other specialized intermediate inputs[J]. American economic review, 1989, 79(1):85-95.

[181] Marrewijk C. V. , Stibora J. , Vaal A. D. , et al. Producer services, comparative advantage, and international trade patterns[J]. Journal of international economics, 1997, 42(1-2):195-220.

[182] Mathieu V. Service strategies within the manufacturing sector: benefits, costs and partnership[J]. International journal of service industry management, 2001, 12(5):451-475.

[183] Maurel F. , Sédillotb B. A measure of the geographic concentration in French manufacturing industries[J]. Regional science and urban economics, 1999, 29(5):575-604.

[184] Mccann B. , Folta T. B. Location matters: where we have been and where we might go in agglomeration research[J]. Journal of management, 2008, 34(3):532-565.

[185] Melitz M. J. The impact of trade on intra-industry reallocations and aggregate industry productivity [J]. Econometrica, 2003, 71(6): 1695-1725.

[186] Michelacci C. , Silva O. Why so many local entrepreneurs? [J]. Review of economics and statistics, 2007, 89(4):615-633.

[187] Mills E. S. , Lubuele L. S. Inner cities[J]. Journal of economic literature, 1997, 35(2):727-756.

[188] Moran P. A. A test for the serial independence of residuals[J]. Biometrika, 1950, 37(1/2):178-181.

[189] Nanda R. , Rensen J. B. Workplace peers and entrepreneurship[J]. Management science, 2010, 56(7):1116-1126.

[190] Neffke F, Henning M. Skill relatedness and firm diversification[J].

Strategic Management Journal,2013,34(3):297-316.

[191] Neffke F. ,Henning M. and Boschma R. The impact of ageing and technological relatedness on agglomeration externalities:a survival analysis[J]. Journal of economic geography,2012,12(2):485-517.

[192] Nelson A. C. Towards a theory of the American rural residential land market[J]. Journal of rural studies,1986,2(4):309-319.

[193] Noyelle T. J. ,Stanback T. M. and Ginzberg J. E. The economic transformation of American cities[J]. Journal of economic literature, 1985,23(4):1833-1834.

[194] Nyström K. An industry disaggregated analysis of the determinants of regional entry and exit[J]. The annals of regional science,2007,41(4): 877-896.

[195] ÓhUallacháinB. ,Leslie T. F. Spatial convergence and spillovers in American invention[J]. Annals of the association of American geographers,2005,95(4):866-886.

[196] Oliva R. ,Kallenberg R. Managing the transition from products to services[J]. International journal of service industry management, 2003,14(2):160-172.

[197] Pan Zuohong, Zhang Fan. Urban Productivity in China[J]. Urban studies,2002,39(12):2267-2281.

[198] Péer A. ,Vertinsky I. and King A. Who enters,where and why? The influence of capabilities and initial resource endowments on the location choices of de novo enterprises[J]. Strategic organization,2008,6(2): 119-149.

[199] Quinn J. B. The intelligent enterprise a new paradigm[J]. Academy of management perspectives,1992,6(4):48-63.

[200] Raff H. ,Ruhr M. Foreign direct investment in producer services:theory and empirical evidence[R]. CESifo Working Paper No. 598,2001.

[201] Raspe O. ,Oort F. G. V. Firm growth and localized knowledge externalities[J]. Journal of regional analysis and policy, 2008, 38 (2): 100-116.

[202] Renski H. External economies of localization,urbanization and indus-

trial diversity and new firm survival[J]. Papers in regional science, 2011,90(3):473-502.

[203] Robinson W. S. Ecological correlations and the behavior of individuals [J]. American sociological review,1950,15(3):351-357.

[204] Rosenthal S. S. ,Strange W. C. The geography of entrepreneurship in the New York metropolitan area [J]. Economic policy review,2005,11 (2):29-53.

[205] Rosenthal S. S. ,Strange W. C. The determinants of agglomeration[J]. Journal of urban economics,2001,50(2):191-229.

[206] Rosenthal S. S. ,Strange W. C. Evidence on the nature and sources of agglomeration economies[C]. // Henderson J. V. ,Thisse J. F. Handbook of regional and urban economics,volume 4:cities and geography. Amsterdam:North Holland Publishing Co. ,2004:2119-2179.

[207] Shane S. Prior knowledge and the discovery of entrepreneurial opportunities[J]. Organization science,2000,11(4):448-469.

[208] Shaver J. M. ,Flyer F. Agglomeration economies,firm heterogeneity, and foreign direct investment in the United States[J]. Strategic management journal,2000,21(12):1175-1194.

[209] Shearmur R. ,Alvergne C. Intrametropolitan patterns of high-order business service location:A comparative study of seventeen sectors in Ile-de-France[J]. Urban studies,2002,39(7):1143-1163.

[210] Sorenson O. ,Audia P. G. The social structure of entrepreneurial activity:Geographic concentration of footwear production in the United States,1940-1989 [J]. American journal of sociology, 2000, 106 (2): 424-462.

[211] Staber U. Spatial proximity and firm survival in a declining industrial district:The case of knitwear firms in Baden-Wurttemberg[J]. Regional studies,2001,35(4):329-341.

[212] Stam E. Why butterflies don't leave? Locational behavior of entrepreneurial firms[J]. Economic geography,2007,83(1):27-50.

[213] Stam E. ,Audretsch D. B. and Meijaard J. Renascent entrepreneurship [J]. Journal of evolutionary economics,2008,18(3):493-507.

[214] Storey D. J. Entrepreneurship and the New Firm[M]. London:Croom Helm,1982.

[215] Stough R. R. ,Haynes K. E. and Campbell H. S. Small business entrepreneurship in the high technology services sector:an assessment for the edge cities of the US national capital region[J]. Small business economics,1998,10(1):61-74.

[216] Stuart T. ,Sorenson O. The geography of opportunityl:spatial heterogeneity in founding rates and the performance of biotechnology firms [J]. Research policy,2003,32(2):229-253.

[217] Sutton J. Gibrat's legacy[J]. Journal of economic literature, 1997, 35(1):40-59.

[218] Swann P. ,Prevezer M. A comparison of the dynamics of industrial clustering in computing and biotechnology[J]. Research policy,1996,25(7):1139-1157.

[219] Swann P. ,Prevezer M. and Stout D. The dynamics of industrial clustering:International comparisons in computing and biotechnology[M]. Oxford:Oxford University Press,1998.

[220] Tabuchi T. Urban agglomeration and dispersion:a synthesis of Alonso and Krugman[J]. Journal of urban economics,1998,44(3):333-351.

[221] Toffel M. W. End-of-life Product Recoveryl:Drivers,Prior Research, and Future Directions[R]. Working Paper,2002.

[222] Upton G. ,Fingleton B. Spatial data analysis by example[M]. Chichesterl:John Wiley & Sons Inc. ,1985.

[223] Vaillant Y. ,Lafuente E. Do different institutional frameworks condition the influence of local fear of failure and entrepreneurial examples over entrepreneurial activity? [J]. Entrepreneurship and regional development,2007,19(19):313-337.

[224] Vandermerwe S. ,Rada J. Servitization of business:adding value by adding services[J]. European management journal,1988,6(4):314-324.

[225] Venables A. J. Equilibrium locations of vertically linked industries [J]. international economic review,1996,37(2):341-359.

[226] Vivarelli M. The birth of new enterprises[J]. Small business econom-

ics,1991,3(3):215-223.

[227] Wagner J. The post-entry performance of new small firms in German manufacturing industries [J]. Journal of industrial economics, 1994,42 (2):141-154.

[228] Wallsten S. J. An empirical test of geographic knowledge spillovers using geographic information systems and firm-level data[J]. Regional science & urban economics,2001,31(5):571-599.

[229] Warf B. Global dimensions of US legal services[J]. The professional geographer,2001,53(3):98-406.

[230] Wennberg K. ,Lindqvist G. The effects of clusters of the survival and performance of new firms[J]. Small business economics,2010,34(3): 221-241.

[231] Wenting R. ,Frenken K. Firm entry and institutional lock-in:an organizational ecology analysis of the global fashion design industry[J]. Industrial and corporate change,2011,20(4):1031-1048.

[232] Wenting R. Spinoff dynamics and the spatial formation of the fashion design industry,1858-2005[J]. Journal of economic geography,2008,8 (5): 593-614.

[233] Weterings A. ,Marsili O. Spatial concentration of industries and new firm exits:does this relationship differ between exits by closure and by M&A? [J]. Regional studies,2015,49(1):44-58.

[234] Wezel F. C. Location dependence and industry evolution:founding rates in the United Kingdom motorcycle industry,1895-1993[J]. Organization studies,2005,26(5):729-754.

[235] White A. L. ,Stoughton M. and Feng L. Servicizing:the quiet transition to extended product responsibility [M]. Boston: Tellus Institute,1999.

[236] Wise R. ,Baumgartner P. Go downstream the new imperative in manufacturing[J]. Harvard business review,1999(9-10):133-141.

附　录

2008 年浙江省制造业及生产性服务业细分行业产值

（单位:万人）

编号	地区	年末单位从业人员数	制造业	生产性服务业	交通运输业	计算机应用服务业	金融业	房地产业	商务服务业	科学研究业和专业技术服务业
Z1	杭州市区	158.41	59.73	30.49	6.65	4.76	5.46	3.08	6.09	4.45
Z2	富阳市	8.07	4.20	0.67	0.14	0.06	0.18	0.08	0.15	0.06
Z3	临安市	6.09	3.30	0.41	0.08	0.02	0.11	0.09	0.10	0.01
Z4	建德市	3.34	1.09	0.58	0.14	0.02	0.14	0.04	0.20	0.04
Z5	桐庐县	4.13	2.32	0.33	0.07	0.04	0.10	0.04	0.04	0.04
Z6	淳安县	2.38	0.35	0.41	0.13	0.01	0.09	0.06	0.08	0.04
Z7	宁波市区	71.60	40.14	12.62	3.42	0.59	3.84	1.37	2.43	0.97
Z8	余姚市	6.29	2.39	0.61	0.08	0.09	0.24	0.06	0.10	0.04
Z9	慈溪市	8.37	4.37	0.87	0.27	0.04	0.29	0.07	0.13	0.07
Z10	奉化市	5.98	3.36	0.50	0.15	0.06	0.13	0.03	0.09	0.04
Z11	象山县	19.79	1.33	0.19	0.04	0.02	0.10	0.01	0.01	0.01
Z12	宁海县	2.60	0.21	0.47	0.12	0.04	0.13	0.01	0.13	0.04
Z13	温州市区	36.97	15.71	5.38	1.75	0.27	1.75	0.74	0.43	0.44
Z14	瑞安市	11.37	6.07	0.84	0.23	0.05	0.20	0.17	0.16	0.03
Z15	乐清市	23.81	17.61	1.01	0.26	0.05	0.22	0.10	0.31	0.07
Z16	洞头县	0.87	0.12	0.12	0.04	0.01	0.02	0.02	0.01	0.02
Z17	永嘉县	10.12	6.16	0.40	0.15	0.03	0.13	0.05	0.04	0.04

续表

编号	地区	年末单位从业人员数	制造业	生产性服务业	交通运输业	计算机应用服务业	金融业	房地产业	商务服务业	科学研究业和专业技术服务业
Z18	平阳县	7.09	3.50	0.46	0.16	0.03	0.12	0.08	0.03	0.04
Z19	苍南县	7.83	2.39	0.47	0.19	0.04	0.15	0.04	0.04	0.01
Z20	文成县	1.59	0.16	0.15	0.04	0.01	0.07	0.01	0.01	0.01
Z21	泰顺县	3.57	0.06	0.15	0.04	0.01	0.05	0.02	0.01	0.02
Z22	嘉兴市区	21.19	12.95	2.95	0.34	0.34	0.76	0.63	0.53	0.35
Z23	平湖市	12.73	9.76	0.87	0.16	0.01	0.21	0.10	0.36	0.03
Z24	海宁市	12.39	8.68	0.93	0.19	0.02	0.26	0.12	0.27	0.07
Z25	桐乡市	11.61	6.96	0.78	0.12	0.01	0.22	0.10	0.27	0.06
Z26	嘉善县	10.05	7.70	0.43	0.09		0.16	0.05	0.06	0.07
Z27	海盐县	6.64	3.00	0.44	0.04	0.01	0.15	0.06	0.13	0.05
Z28	湖州市区	15.61	7.84	2.55	0.44	0.22	1.37	0.19	0.08	0.25
Z29	德清县	6.74	4.70	0.30	0.06		0.04	0.04	0.11	0.05
Z30	长兴县	6.19	2.35	0.41	0.13	0.01	0.05	0.08	0.10	0.04
Z31	安吉县	4.16	1.85	0.23	0.07		0.04	0.04	0.05	0.03
Z32	绍兴市区	24.51	8.33	1.65	0.43	0.32	0.52	0.10	0.12	0.16
Z33	诸暨市	21.19	6.72	0.71	0.20	0.08	0.28	0.05	0.04	0.06
Z34	上虞市	11.79	6.61	0.61	0.13	0.05	0.24	0.06	0.09	0.04
Z35	嵊州市	5.90	3.32	0.46	0.19		0.17	0.02	0.05	0.03
Z36	绍兴县	17.76	10.19	0.90	0.24	0.03	0.29	0.07	0.22	0.05
Z37	新昌县	4.97	2.82	0.49	0.09	0.02	0.16	0.04	0.15	0.03
Z38	金华市区	11.78	3.00	1.63	0.62	0.20	0.48	0.06	0.09	0.18
Z39	兰溪市	4.14	1.81	0.33	0.07	0.04	0.11	0.04	0.04	0.03
Z40	东阳市	8.96	3.89	1.07	0.21	0.02	0.17	0.02	0.61	0.04

续表

编号	地区	年末单位从业人员数	制造业	生产性服务业	交通运输业	计算机应用服务业	金融业	房地产业	商务服务业	科学研究业和专业技术服务业
Z41	义乌市	5.71	0.64	1.46	0.42	0.04	0.36	0.15	0.38	0.11
Z42	永康市	3.55	0.82	0.59	0.13	0.03	0.27	0.02	0.09	0.05
Z43	武义县	1.68	0.29	0.23	0.07	0.05	0.07	0.01	0.01	0.02
Z44	浦江县	2.39	0.99	0.34	0.07	0.01	0.11	0.01	0.05	0.09
Z45	磐安县	2.23	0.21	0.05		0.01	0.04			
Z46	衢州市区	8.54	3.30	1.57	0.24	0.15	0.94	0.03	0.13	0.08
Z47	江山市	2.68	1.02	0.31	0.09	0.01	0.14	0.02	0.02	0.03
Z48	常山县	1.21	0.02	0.18	0.05	0.01	0.08	0.01	0.01	0.02
Z49	开化县	1.16	0.19	0.17	0.06	0.01	0.08	0.01		0.01
Z50	龙游县	2.08	0.77	0.25	0.04	0.02	0.12	0.01	0.04	0.02
Z51	舟山市区	11.10	3.56	2.24	0.86	0.16	0.47	0.23	0.35	0.17
Z52	岱山县	1.07	0.10	0.14	0.08		0.03	0.01	0.01	0.01
Z53	嵊泗县	0.89	0.08	0.20	0.05		0.02	0.03	0.09	0.01
Z54	台州市区	27.48	10.40	3.88	0.58	0.29	1.76	0.39	0.54	0.32
Z55	温岭市	8.42	1.69	1.09	0.16	0.05	0.31	0.08	0.44	0.05
Z56	临海市	8.27	1.18	0.71	0.26	0.04	0.16	0.08	0.12	0.05
Z57	玉环县	4.47	1.96	0.40	0.10	0.02	0.15	0.03	0.08	0.02
Z58	三门县	2.59	0.10	0.17	0.04	0.01	0.06	0.01	0.03	0.02
Z59	天台县	3.71	0.61	0.40	0.09	0.01	0.09	0.03	0.10	0.08
Z60	仙居县	3.22	0.79	0.25	0.06	0.01	0.08	0.02	0.04	0.04
Z61	丽水市区	5.42	1.12	1.45	0.29	0.20	0.53	0.02	0.26	0.15
Z62	龙泉市	1.57	0.26	0.16	0.05	0.01	0.05	0.02	0.01	0.02
Z63	青田县	1.73	0.34	0.21	0.05	0.01	0.09	0.01	0.04	0.01

续表

编号	地区	年末单位从业人员数	制造业	生产性服务业	交通运输业	计算机应用服务业	金融业	房地产业	商务服务业	科学研究业和专业技术服务业
Z64	云和县	0.98	0.16	0.13	0.04	0.01	0.03	0.02		0.01
Z65	庆元县	0.92	0.07	0.11	0.03	0.02	0.04		0.03	0.02
Z66	缙云县	1.65	0.33	0.22	0.06	0.01	0.08	0.02	0.01	0.02
Z67	遂昌县	1.73	0.81	0.12	0.03	0.01	0.04	0.01	0.03	0.02
Z68	松阳县	0.90	0.03	0.10	0.02	0.01	0.04	0.01	0.01	0.02
Z69	景宁自治县	0.92	0.07	0.14	0.03	0.02	0.03	0.01	0.03	0.02

2004年浙江省制造业及生产性服务业细分行业产值

（单位：万人）

编号	地区	年末单位从业人员数	制造业	交通运输业	计算机应用服务业	金融业	房地产业	商务服务业	科学研究业和专业技术服务业
Z1	杭州市区	69.01	22.4	5.23	1.25	3.55	1.14	2.21	2.62
Z2	富阳市	3.45	0.64	0.11	0.05	0.08	0.04	0.06	0.05
Z3	临安市	3.05	1.18	0.04	0.05	0.06	0.01	0.03	0.01
Z4	建德市	2.43	0.73	0.04	0.02	0.04	0.02	0.06	0.04
Z5	桐庐县	1.34	0.04	0.06	0.01	0.04	0.01	0.06	0.02
Z6	淳安县	1.66	0.18	0.06		0.03	0.02	0.08	0.02
Z7	宁波市区	43.72	18.85	2.92	0.28	2.17	0.66	1.06	0.78
Z8	余姚市	4.66	1.47	0.01	0.07	0.24	0.04	0.10	0.04
Z9	慈溪市	4.65	1.24	0.24	0.04	0.27	0.07	0.12	0.07
Z10	奉化市	2.85	0.66	0.15	0.02	0.14	0.02	0.09	0.03
Z11	象山县	13.23	0.68	0.12	0.03	0.14	0.01	0.03	0.02
Z12	宁海县	2.04	0.05	0.14	0.04	0.15	0.01	0.09	0.05
Z13	温州市区	33.52	15.64	1.67	0.35	1.00	0.92	0.29	0.38

续表

编号	地区	年末单位从业人员数	制造业	交通运输业	计算机应用服务业	金融业	房地产业	商务服务业	科学研究业和专业技术服务业
Z14	瑞安市	8.44	3.76	0.25	0.05	0.21	0.13	0.15	0.05
Z15	乐清市	16.35	11.69	0.22	0.06	0.21	0.07	0.07	0.06
Z16	洞头县	0.74	0.06	0.03	0.02	0.02	0.01	0.01	0.01
Z17	永嘉县	2.83	0.04	0.10	0.04	0.11	0.01	0.01	0.02
Z18	平阳县	6.83	2.18	0.16	0.03	0.11	0.06	0.05	0.03
Z19	苍南县	6.71	2.16	0.16	0.04	0.16	0.03	0.06	0.04
Z20	文成县	1.19	0.10	0.04	0.01	0.07	0.01	0.01	0.02
Z21	泰顺县	2.10	0.01	0.05	0.04	0.06	0.01	0.02	0.01
Z22	嘉兴市区	12.5	6.46	0.16	0.17	0.67	0.22	0.40	0.18
Z23	平湖市	8.93	6.61	0.09	0.01	0.21	0.04	0.08	0.03
Z24	海宁市	4.28	1.37	0.12	0.05	0.25	0.05	0.21	0.06
Z25	桐乡市	9.37	5.16	0.11	0.02	0.25	0.06	0.19	0.04
Z26	嘉善县	6.55	4.80	0.09	0.02	0.13	0.04	0.04	0.09
Z27	海盐县	4.45	1.83	0.08	0.02	0.19	0.03	0.06	0.07
Z28	湖州市区	9.83	3.24	0.53	0.19	0.54	0.23	0.12	0.14
Z29	德清县	2.98	0.75	0.08		0.04	0.06	0.10	0.04
Z30	长兴县	3.71	0.71	0.20		0.04	0.03	0.03	0.03
Z31	安吉县	3.56	1.21	0.10	0.19	0.05	0.03	0.03	0.02
Z32	绍兴市区	11.31	3.32	0.35	0.19	0.76	0.12	0.13	0.20
Z33	诸暨市	18.97	5.62	0.29	0.06	0.21	0.06	0.02	0.05
Z34	上虞市	4.93	0.50	0.14	0.04	0.26	0.05	0.06	0.03
Z35	嵊州市	4.43	1.79	0.18	0.06	0.21	0.03	0.09	0.04

续表

编号	地区	年末单位从业人员数	制造业	交通运输业	计算机应用服务业	金融业	房地产业	商务服务业	科学研究业和专业技术服务业
Z36	绍兴县	3.73	0.72	0.18	0.03	0.25	0.04	0.07	0.02
Z37	新昌县	5.13	3.25	0.06	0.02	0.15	0.03	0.07	0.02
Z38	金华市区	7.31	0.90	0.62	0.23	0.56	0.06	0.08	0.18
Z39	兰溪市	4.06	1.75	0.13	0.05	0.07	0.03	0.04	0.03
Z40	东阳市	10.52	2.77	0.21	0.04	0.15	0.01	0.07	0.03
Z41	义乌市	4.34	0.36	0.42	0.06	0.31	0.10	0.30	0.10
Z42	永康市	2.68	0.38	0.09	0.02	0.17	0.03	0.09	0.04
Z43	武义县	1.40	0.23	0.06	0.01	0.06		0.01	0.02
Z44	浦江县	1.34	0.03	0.07	0.01	0.13	0.01	0.05	0.04
Z45	磐安县	0.53		0.04	0.01	0.04			0.01
Z46	衢州市区	7.42	2.91	0.31	0.09	0.45	0.05	0.09	0.09
Z47	江山市	2.36	0.87	0.08	0.02	0.14	0.01	0.01	0.03
Z48	常山县	1.29	0.13	0.05	0.02	0.06	0.02	0.01	0.01
Z49	开化县	1.19	0.14	0.08	0.01	0.05	0.01	0.01	0.01
Z50	龙游县	1.74	0.63	0.04	0.02	0.08	0.02	0.01	0.01
Z51	舟山市区	9.09	2.71	0.78	0.12	0.39	0.17	0.23	0.15
Z52	岱山县	0.97	0.04	0.07	0.01	0.05	0.01	0.05	0.01
Z53	嵊泗县	0.90	0.15	0.04	0.01	0.04	0.02	0.02	0.01
Z54	台州市区	15.85	3.88	0.59	0.36	1.40	0.26	0.38	0.29
Z55	温岭市	6.26	1.15	0.14	0.06	0.23	0.06	0.07	0.04
Z56	临海市	6.15	0.57	0.19	0.05	0.15	0.07	0.08	0.03
Z57	玉环县	2.50	0.48	0.10	0.02	0.15	0.05	0.08	0.02

续表

编号	地区	年末单位从业人员数	制造业	交通运输业	计算机应用服务	金融业	房地产业	商务服务业	科学研究业和专业技术服务业
Z58	三门县	1.25	0.08	0.06	0.01	0.05	0.01	0.01	0.02
Z59	天台县	2.96	0.23	0.06	0.02	0.08	0.02	0.02	0.07
Z60	仙居县	2.82	0.53	0.06	0.01	0.07	0.01	0.04	0.03
Z61	丽水市区	3.85	0.62	0.17	0.14	0.36	0.04	0.09	0.12
Z62	龙泉市	1.45	0.25	0.09	0.01	0.05	0.01	0.01	0.01
Z63	青田县	1.41	0.05	0.06	0.02	0.08	0.01	0.03	0.03
Z64	云和县	0.82	0.12	0.04	0.01	0.02	0.01		
Z65	庆元县	0.92	0.14	0.04	0.01	0.03		0.01	0.04
Z66	缙云县	1.70	0.33	0.07	0.02	0.08	0.01	0.02	0.02
Z67	遂昌县	1.49	0.58	0.06	0.01	0.04	0.01	0.01	0.02
Z68	松阳县	0.98	0.08	0.05	0.01	0.04		0.01	0.01
Z69	景宁自治县	0.86	0.04	0.04	0.02	0.03	0.01	0.01	0.01

2008年江苏省制造业及生产性服务业细分行业产值

（单位：万人）

编号	地区	年末单位从业人员数	工业	制造业	生产性服务业	交通运输业	计算机应用服务业	金融业	房地产业	商务服务业	科学研究业和专业技术服务业
J1	南京市	407.70	118.97	35.87	20.95	8.76	1.12	2.42	1.59	3.48	3.58
J2	溧水县	25.92	8.12	2.45	0.54	0.22	0.03	0.06	0.04	0.18	0.01
J3	高淳县	26.28	5.81	1.75	0.19	0.07	0.00	0.06	0.03	0.03	0.01
J4	无锡市	364.31	182.25	28.73	6.12	1.62	0.61	1.53	0.42	1.02	0.92
J5	江阴市	87.86	44.44	7.01	1.80	0.59	0.11	0.46	0.05	0.37	0.21
J6	宜兴市	69.42	29.16	4.60	1.16	0.43	0.06	0.38	0.04	0.12	0.14

续表

编号	地区	年末单位从业人员数	工业	制造业	生产性服务业	交通运输业	计算机应用服务业	金融业	房地产业	商务服务业	科学研究业和专业技术服务业
J7	徐州市	501.17	131.72	4.71	7.19	5.27	0.41	1.00	0.11	0.03	0.37
J8	丰县	61.30	11.64	0.42	0.62	0.45	0.03	0.11	0.02	0.00	0.00
J9	沛县	58.18	12.68	0.45	0.69	0.52	0.02	0.11	0.02	0.00	0.03
J10	铜山县	64.69	15.13	0.54	1.23	1.01	0.02	0.13	0.01	0.00	0.06
J11	睢宁县	73.32	16.38	0.59	0.51	0.39	0.00	0.10	0.02	0.00	0.00
J12	新沂市	52.43	12.08	0.43	0.99	0.82	0.01	0.14	0.02	0.00	0.01
J13	邳州市	87.41	26.88	0.96	1.78	1.59	0.01	0.15	0.02	0.00	0.01
J14	常州市	304.04	139.92	12.15	4.11	1.49	0.31	1.18	0.24	0.33	0.56
J15	溧阳市	53.76	15.83	1.37	0.62	0.27	0.03	0.17	0.06	0.02	0.07
J16	金坛市	38.88	16.11	1.40	0.44	0.21	0.01	0.15	0.02	0.03	0.02
J17	苏州市	550.03	286.47	41.66	4.96	1.08	0.67	1.86	0.45	0.53	0.37
J18	常熟市	86.61	49.40	7.18	1.16	0.28	0.06	0.73	0.05	0.04	0.01
J19	张家港市	75.84	41.44	6.03	1.80	0.92	0.21	0.40	0.08	0.15	0.04
J20	昆山市	75.23	40.50	5.89	1.57	0.25	0.43	0.34	0.28	0.25	0.01
J21	吴江市	62.96	34.75	5.05	0.71	0.14	0.02	0.41	0.08	0.06	0.01
J22	太仓市	37.44	21.61	3.14	0.59	0.19	0.07	0.20	0.08	0.06	0.00
J23	南通市	460.52	131.32	10.26	4.38	1.53	0.33	1.49	0.35	0.41	0.27
J24	海安县	54.04	17.38	1.36	1.36	0.38	0.01	0.65	0.06	0.10	0.16
J25	如东县	62.02	18.72	1.46	0.98	0.28	0.02	0.52	0.07	0.08	0.02
J26	启东市	70.85	16.92	1.32	1.52	0.17	0.02	0.75	0.16	0.09	0.33
J27	如皋市	77.18	20.05	1.57	1.12	0.19	0.02	0.69	0.08	0.06	0.08
J28	海门市	64.01	16.91	1.32	1.24	0.24	0.02	0.49	0.12	0.05	0.33

续表

编号	地区	年末单位从业人员数	工业	制造业	生产性服务业	交通运输业	计算机应用服务业	金融业	房地产业	商务服务业	科学研究业和专业技术服务业
J29	通州市				1.21	0.29	0.03	0.60	0.06	0.08	0.15
J30	连云港市	290.26	60.84	5.19	3.71	1.77	0.24	0.92	0.33	0.13	0.32
J31	赣榆县	55.29	9.63	0.82	0.38	0.06	0.00	0.21	0.05	0.05	0.00
J32	东海县	60.13	10.35	0.88	0.49	0.18	0.05	0.21	0.03	0.02	0.00
J33	灌云县	47.77	7.48	0.64	0.47	0.24	0.00	0.18	0.03	0.02	0.00
J34	灌南县	37.63	5.95	0.51	0.32	0.09	0.00	0.13	0.05	0.02	0.02
J35	淮安市	347.20	74.79	8.68	2.93	0.74	0.34	1.03	0.19	0.51	0.12
J36	涟水县	62.49	8.04	0.93	0.51	0.02	0.01	0.24	0.03	0.21	0.00
J37	洪泽县	29.50	10.66	1.24	0.48	0.08	0.07	0.23	0.02	0.08	0.00
J38	盱眙县	49.53	10.47	1.21	0.38	0.10	0.00	0.20	0.02	0.06	0.00
J39	金湖县	24.42	7.37	0.86	0.31	0.04	0.00	0.14	0.03	0.09	0.01
J40	盐城市	342.01	63.57	4.57	2.86	0.87	0.27	1.28	0.08	0.23	0.13
J41	响水县	21.18	4.61	0.33	0.45	0.13	0.00	0.27	0.01	0.04	0.00
J42	滨海县	41.18	4.52	0.32	0.76	0.32	0.02	0.35	0.01	0.04	0.02
J43	阜宁县	40.34	4.64	0.33	0.64	0.19	0.02	0.35	0.03	0.03	0.02
J44	射阳县	41.82	6.92	0.50	1.07	0.43	0.00	0.59	0.01	0.03	0.01
J45	建湖县	36.76	9.36	0.67	0.74	0.29	0.03	0.26	0.03	0.04	0.08
J46	东台市	56.95	12.04	0.87	0.82	0.12	0.04	0.55	0.03	0.07	0.02
J47	大丰市	36.69	8.57	0.62	0.93	0.27	0.02	0.49	0.03	0.08	0.03
J48	扬州市	286.13	100.63	4.71	1.73	0.28	0.37	0.40	0.08	0.28	0.32
J49	宝应县	55.29	14.07	0.66	0.31	0.12	0.01	0.12	0.01	0.04	0.00
J50	仪征市	35.05	13.54	0.63	0.32	0.08	0.02	0.12	0.02	0.07	0.00

续表

编号	地区	年末单位从业人员数	工业	制造业	生产性服务业	交通运输业	计算机应用服务业	金融业	房地产业	商务服务业	科学研究业和专业技术服务业
J51	高邮市	50.88	19.14	0.90	1.51	1.23	0.02	0.17	0.02	0.04	0.02
J52	江都市	60.18	19.89	0.93	0.48	0.12	0.02	0.18	0.04	0.08	0.04
J53	镇江市	173.11	71.64	7.82	3.25	1.25	0.15	0.93	0.23	0.35	0.34
J54	丹阳市	54.95	27.13	2.96	0.99	0.33	0.02	0.34	0.10	0.13	0.07
J55	扬中市	18.90	10.21	1.11	0.40	0.08	0.01	0.21	0.02	0.07	0.00
J56	句容市	34.03	10.64	1.16	0.67	0.13	0.00	0.23	0.14	0.09	0.08
J57	泰州市	283.81	77.06	4.51	2.39	0.4	0.23	1.22	0.17	0.24	0.13
J58	兴化市	72.36	13.13	0.77	2.06	0.16	0.03	1.63	0.08	0.13	0.04
J59	靖江市	39.68	15.45	0.90	1.16	0.18	0.03	0.74	0.06	0.13	0.02
J60	泰兴市	66.58	15.46	0.90	1.46	0.16	0.03	0.80	0.04	0.23	0.21
J61	姜堰市	44.97	12.03	0.70	1.21	0.12	0.00	0.88	0.08	0.07	0.06
J62	宿迁市	318.19	87.46	1.89	0.74	0.08	0.18	0.41	0.01	0.03	0.03
J63	沭阳县	110.88	31.99	0.69	0.45	0.06	0.00	0.26	0.00	0.13	0.00
J64	泗阳县	56.44	18.43	0.40	0.33	0.09	0.00	0.21	0.00	0.01	0.01
J65	泗洪县	52.31	9.98	0.22	0.31	0.07	0.00	0.22	0.00	0.00	0.02

2004 年江苏省制造业及生产性服务业细分行业产值

（单位：万人）

编号	地区	年末单位从业人员数	工业	制造业	生产性服务业	交通运输业	计算机服务业	金融业	房地产业	商务服务业	科学研究业和专业技术服务业
J1	南京市	283.94	72.38	28.33	18.11	8.63	1.01	2.79	1.34	1.29	3.05
J2	溧水县	18.65	4.46	1.75	0.44	0.22	0.03	0.07	0.03	0.07	0.03
J3	高淳县	25.39	4.57	1.79	0.20	0.07	0.00	0.07	0.02	0.01	0.03

续表

编号	地区	年末单位从业人员数	工业	制造业	生产性服务业	交通运输业	计算机服务业	金融业	房地产业	商务服务业	科学研究业和专业技术服务业
J4	无锡市	274.67	137.54	20.04	5.56	1.68	0.47	1.51	0.53	0.57	0.80
J5	江阴市	65.05	32.55	4.74	1.68	0.61	0.09	0.45	0.07	0.21	0.25
J6	宜兴市	53.29	17.79	2.59	1.09	0.44	0.04	0.37	0.04	0.07	0.12
J7	徐州市	395.50	76.91	5.35	7.54	4.89	0.33	1.44	0.16	0.12	0.6
J8	丰县	53.43	5.18	0.36	0.69	0.42	0.02	0.16	0.03	0.01	0.05
J9	沛县	51.85	6.74	0.47	0.74	0.48	0.01	0.15	0.02	0.01	0.06
J10	铜山县	52.51	9.37	0.65	1.22	0.93	0.02	0.19	0.01	0.02	0.05
J11	睢宁县	52.91	7.24	0.50	0.57	0.37	0.00	0.14	0.02	0.01	0.03
J12	新沂市	42.30	7.57	0.53	1.04	0.76	0.01	0.20	0.03	0.02	0.03
J13	邳州市	71.13	16.49	1.15	1.79	1.48	0.01	0.22	0.02	0.02	0.04
J14	常州市	217.42	97.42	12.58	3.39	1.38	0.22	0.88	0.21	0.25	0.45
J15	溧阳市	41.59	12.07	1.56	0.51	0.25	0.02	0.13	0.05	0.02	0.04
J16	金坛市	27.72	9.49	1.23	0.39	0.19	0.01	0.11	0.01	0.02	0.04
J17	苏州市	362.67	194.43	26.07	4.19	0.97	0.56	1.67	0.26	0.48	0.25
J18	常熟市	74.13	40.23	7.18	1.16	0.28	0.06	0.73	0.05	0.04	0.01
J19	张家港市	48.27	24.95	6.03	1.80	0.92	0.21	0.40	0.08	0.15	0.04
J20	昆山市	46.09	26.95	5.89	1.57	0.25	0.43	0.34	0.28	0.25	0.01
J21	吴江市	47.90	25.56	5.05	0.71	0.14	0.02	0.41	0.08	0.06	0.01
J22	太仓市	27.58	16.19	3.14	0.59	0.19	0.07	0.20	0.08	0.06	0.00
J23	南通市	432.69	100.45	11.46	3.10	1.63	0.16	0.7	0.19	0.16	0.26
J24	海安县	50.95	10.58	1.21	0.84	0.41	0.01	0.31	0.03	0.04	0.05
J25	如东县	61.10	14.60	1.67	0.65	0.29	0.01	0.24	0.04	0.03	0.04

续表

编号	地区	年末单位从业人员数	工业	制造业	生产性服务业	交通运输业	计算机服务业	金融业	房地产业	商务服务业	科学研究业和专业技术服务业
J26	启东市	76.03	14.20	1.62	0.74	0.18	0.01	0.35	0.09	0.03	0.07
J27	如皋市	71.11	13.57	1.55	0.63	0.20	0.01	0.32	0.05	0.02	0.03
J28	海门市	69.55	16.00	1.83	0.65	0.25	0.01	0.23	0.07	0.02	0.07
J29	通州市	66.11	14.17		0.70	0.31	0.01	0.28	0.03	0.03	0.03
J30	连云港市	214.55	28.99	3.77	3.49	1.87	0.15	0.59	0.21	0.37	0.30
J31	赣榆县	47.33	6.54	0.85	0.40	0.06	0.00	0.14	0.03	0.15	0.02
J32	东海县	55.81	7.50	0.98	0.46	0.19	0.03	0.13	0.02	0.06	0.02
J33	灌云县	45.71	3.45	0.45	0.46	0.26	0.00	0.11	0.02	0.04	0.02
J34	灌南县	36.25	3.20	0.42	0.31	0.09	0.00	0.08	0.03	0.06	0.04
J35	淮安市	269.60	28.46	6.23	3.09	0.99	0.23	1.21	0.14	0.34	0.18
J36	涟水县	56.51	3.39	0.74	0.49	0.03	0.00	0.28	0.02	0.14	0.01
J37	洪泽县	21.01	3.07	0.67	0.50	0.10	0.05	0.27	0.01	0.06	0.01
J38	盱眙县	40.91	4.53	0.99	0.44	0.14	0.00	0.23	0.01	0.04	0.01
J39	金湖县	18.84	2.66	0.58	0.32	0.05	0.00	0.17	0.02	0.06	0.02
J40	盐城市	318.28	58.03	3.92	2.92	0.87	0.41	1.15	0.14	0.19	0.16
J41	响水县	18.68	2.33	0.16	0.42	0.13	0.00	0.24	0.01	0.03	0.01
J42	滨海县	35.70	3.77	0.25	0.73	0.32	0.02	0.32	0.03	0.03	0.01
J43	阜宁县	35.92	4.09	0.28	0.64	0.19	0.03	0.32	0.06	0.03	0.02
J44	射阳县	38.25	6.63	0.45	1.03	0.43	0.00	0.53	0.02	0.02	0.02
J45	建湖县	35.03	7.25	0.49	0.67	0.29	0.05	0.24	0.05	0.04	0.01
J46	东台市	52.00	9.35	0.63	0.81	0.12	0.05	0.49	0.04	0.06	0.04
J47	大丰市	36.08	8.13	0.55	0.89	0.27	0.03	0.44	0.06	0.07	0.02

续表

编号	地区	年末单位从业人员数	工业	制造业	生产性服务业	交通运输业	计算机服务业	金融业	房地产业	商务服务业	科学研究业和专业技术服务业
J48	扬州市	228.33	65.65	5.68	2.14	0.69	0.13	0.40	0.19	0.38	0.35
J49	宝应县	48.14	8.38	0.73	0.59	0.31	0.00	0.12	0.02	0.05	0.09
J50	仪征市	32.03	10.26	0.89	0.50	0.20	0.01	0.12	0.04	0.09	0.04
J51	高邮市	40.21	10.88	0.94	3.36	3.04	0.01	0.17	0.04	0.05	0.04
J52	江都市	46.88	12.28	1.06	0.75	0.30	0.01	0.18	0.10	0.10	0.07
J53	镇江市	145.05	51.62	6.33	3.45	1.4	0.16	0.84	0.26	0.46	0.33
J54	丹阳市	46.00	17.56	2.15	1.10	0.37	0.02	0.31	0.11	0.17	0.12
J55	扬中市	16.16	7.53	0.92	0.48	0.09	0.02	0.19	0.02	0.09	0.07
J56	句容市	29.72	7.14	0.88	0.67	0.15	0.00	0.20	0.15	0.11	0.05
J57	泰州市	243.70	54.22	3.97	1.53	0.53	0.14	0.39	0.12	0.16	0.19
J58	兴化市	69.73	9.49	0.69	0.96	0.21	0.02	0.52	0.05	0.09	0.07
J59	靖江市	30.50	10.07	0.74	0.73	0.24	0.02	0.24	0.04	0.09	0.10
J60	泰兴市	64.21	12.39	0.91	0.76	0.21	0.02	0.26	0.03	0.15	0.10
J61	姜堰市	47.04	11.77	0.86	0.60	0.16	0.00	0.28	0.06	0.05	0.05
J62	宿迁市	267.94	42.27	1.97	0.49	0.21	0.05	0.13	0.03	0.03	0.04
J63	沐阳县	89.86	11.51	0.54	0.38	0.15	0.00	0.08	0.01	0.13	0.01
J64	泗阳县	48.44	8.20	0.38	0.34	0.25	0.00	0.07	0.01	0.01	0.00
J65	泗洪县	48.16	4.61	0.21	0.26	0.18	0.00	0.07	0.00	0.00	0.01

索　引